中國各民族神話：
土家族、毛南族、侗族、瑤族

姚寶瑄　主編

編委會名單

逐日與填海（代序）

　　夜深了，推窗遠眺，一輪皎月懸掛在窗前，圓圓的，似乎伸手就可以捧起。月亮中的影像不由使我想起了嫦娥奔月、玉兔搗藥、吳剛砍樹的神話傳說，同時也為自己的想像感到幼稚、可笑。恍然間想起，今天是農曆甲午年五月十五（西元2014年6月12日），正值月圓之日，也是我剛剛度過一個甲子的日子。六十歲了，想說想寫的東西似乎瞬間湧滿心間，往昔歲月裡的件件往事、縷縷思緒，升騰在眼前，像那一輪豐滿的明月。小區內家家燈火都悄悄地睡了，靜得逼人沉思、催人回味。那種「蟲聲窗外月，書冊夜深燈；半醉聊今古，千年幾廢興」的感慨，隨著「窗竹影搖書案上」，便自然地「野泉聲入硯池中」了。於是，提筆為自己傾注了二十餘年心血的「中國神話大系」留下幾行文字，算是對過去歲月的一個交代吧。千言萬語，悠悠長情，似乎不吐不快，卻又無從談起，只好隨著思緒的流淌，將泛起在腦海中的往事印在書案之上……

（一）

綜觀全世界各個民族的神話、傳說、民間故事、童話、寓言等，均有一個人人熟知的開頭「很久很久以前，有一個……」誰也無法擺脫這個民俗學、神話學、民間文學研究中不可迴避的規律，我也只能說，這件事還得從頭說起……

「文革」剛剛結束，幾千萬被誤了青春的年輕人，擁向了高考的獨木橋，我──一個只讀過初中一年級、只懂得一元一次方程式的不懂事的年輕人有幸跨進了高等學府的大門，成為山西大學中文系漢語言文學專業的一名七七級大學生。四年多的寒窗苦讀，四年多的窩窩頭、玉米麵糊糊、鹹菜、水煮白菜的歲月，付出了一縷縷墨黑頭髮的代價，換來了一張改變命運的畢業證。派遣證上寫著「新疆」──兩個讓人永生難忘的字。

一九八二年的初春，春寒料峭，長長的充滿了寂寞和無奈的西去列車，將一個充滿幻想又不知所措的年輕人送到了大西北。列車上我還背誦著賀敬之的長詩：「在九曲黃河的上游，在西去列車的窗口……」

沿著絲綢之路的印跡，沿著張騫開鑿的長路，我來到了新疆──一個充滿魔力的地方。歲月是無情的，但它使我深深地愛上了這塊土地，愛上了這個有著高山大漠、有著藍天白雲的地方。新疆，是撫育我成長的真正的搖籃。我遵照前輩赴疆學者的指引，入鄉隨俗，反覆認真地閱讀了偉大的維吾爾族長詩《福樂智慧》（一萬三千多行）、《真理的入門》，閱讀歷代詩人的西域詩抄、敦煌文獻，看了百餘部新疆各民族的敘事長詩，更是領略了各民族眾多的神話傳說、人物故事。

我理解了：在這塊神奇的土地上，生長過男人的驕傲、女人的夢想，他們都有過成功的歡樂、事業的輝煌，也有過狂風驟起的恐懼、頓失生命的沙殤。至於肝腸寸斷的眼淚、命運無常的慨嘆、拍案而起的激情、凝神靜思的沉默，也必然在一次次失望中展開，又萌生出一次次無瑕的希望。這希望是這塊土地上幾千年來上演過的波瀾萬千、氣勢雄渾的歷史壯劇引發的思考，是詩意千重、英雄輩出的傳奇神話導引的激情。我開始重新審視中國古代各民族的文化、文學和歷史對整個中國乃至世界所起到的作用。

我首先提出了一個讓一些人難以接受的觀點：「西域文學」與「中原文學」應當是中國古代兩大區域文學。「西域文學」指的是以西部地域、漠北、青藏高原居住的各民族文學為主體，以阿爾泰語系所屬語族及藏語語族為文學表達語言，以長詩、史詩、古代戲劇、哲理詩為主要文學形式，有別於中原漢語言文學的中國的一大區域文學。廣闊的西域有著豐富多彩的神話傳說，單史詩一項就令漢語言文學史望塵莫及。柯爾克孜族的《瑪納斯》、藏族的《格薩爾》、蒙古族的《江格爾》自不必說，經初步整理，單哈薩克族的敘事長詩便有二百餘部。所以如果要真正書寫一部完整的包括各民族文學在內的客觀、系統的中國文學史，還需要將敦煌文學作為中原文學與西域文學的連接點進行宏觀考察，將其放置在歷史進程的大背景下進行梳理。

一九八三年三月二十三日，我帶著這個課題的初期設想前去徵詢我大學時的系主任、恩師，著名學者姚奠中先生的意見。幸甚，姚先生大力支持，他認為這是一個極有價值的選題，彌補了中國文學史之不足，同時告知我此類課題研究的方法、步驟。那就是先從文學的源頭做起，一步一個腳印地實現我的理想，完成這一重大命題。而文學

的源頭就是神話、傳說。

　　帶著姚奠中先生及眾多師長、家人的囑託和期望，一九八四年八月二十四日，我帶著近4萬字的長篇論文《崑崙神話（中國古代神話）——中原文學、西域文學共同的祖先和土壤》，參加了在貴州興義召開的首屆中國神話（包括少數民族神話）全國學術研討會。從此，我便走入神話研究、蒐集、整理領域，直至今日。從那以後，我與朋友主編了《新疆民族神話故事選》，撰寫並出版了三十餘萬字的《華夏神話史論》，在維吾爾族、蒙古族同事的協助下，考察、蒐集並整理了蒙古族創世神話《麥德爾娘娘創世》、維吾爾族創世神話《女天神創世》等。

　　漸漸地，隨著研究的深入、視野的開闊，我以高聳的崑崙山為基點，開始將目光投向中亞、西亞、南亞次大陸，投向中國的大西南、東南亞、南太平洋群島，投向中國東北，投向朝鮮、韓國、日本列島以及太平洋彼岸……在與同行好友共同出版了《神鬼世界與人類思維》一書後，又完成了《太平洋文化比較研究》、《絲路藝術與西域戲劇》兩書。書中對上述諸國家、地區與各民族的神話傳說及歷史、地理、民族學做了一個系統、宏觀的考察和研究。在研究、寫作和蒐集資料的過程中，一個大膽的想法湧入腦海：古希臘、古羅馬有自己的神話傳說集，古印度、北歐、美洲（印第安）、非洲均有自己的神話傳說集，連俄羅斯、日本、澳大利亞、新西蘭以及太平洋各島國都有自己原住民的神話傳說集，可中國，擁有五千年的文明和五十多個民族，卻沒有一部完整系統的神話全集。而由袁珂先生主編、周明等先生協助完成的《中國神話辭典》雖說首開新聲，但也只是一部辭典，而非「大全」或「大系」。

這不能不說是一個莫大的遺憾，是中國文學、中國神話領域的一大空白。心底漸漸產生一個願望、一個理想：自己能否完成這一巨大的任務？這是給自己出了一道難題。因為這個任務十分艱巨，涉及內容之豐富、篇幅之宏大、民族之繁多、地域之廣闊，實非一人力所能及。

這一年是一九八七年，我從新疆社會科學院民族文學研究所調回山西省社會科學院文學研究所，時年三十三歲。沒想到的是，在民族地區工作時產生的想法，卻在山西這一黃土高原上邁出了可喜的第一步。

（二）

一九八八年底的一天，突然接到時在山西人民出版社任美編的老同學董智敏的電話，說看完了我的《華夏神話史論》後，與同事們談起神話這個話題，恰好與其同為美編的劉文哲先生、姚軍先生等有一設想，即希望搞一本「插圖本中國神話」，輯選一部分中國人熟知的神話故事，配以插圖，圖文並茂以利發行。與董、劉等見面後，談得很是投機，我將自己想編一套包括中國五十六個民族神話在內的神話大全或大系的願望告訴了他們，得到了一致贊同。在大家共同的努力下，不久便成立了以我為文字主編、劉文哲等為美術主編的包括諸多顧問、編委的團隊。叢書初定名為「插圖本中國神話大系」，並報出版社列入計劃，得到出版社領導的肯定，並很快簽署了協議。一切準備工作迅速地開展起來，我向全國各顧問、各分類分冊的同行們去信或電話，眾同行和受邀的前輩先生們極為高興，並答應全力協助。所請的顧問有該領域泰斗級大師鍾敬文先生、袁珂先生，以及陶陽、王

松、劉錫誠、劉魁立、魯剛、楊智勇、吳超、蕭兵等先生。同時還請了同輩學者陶思炎、葉舒憲、周明、王四代等分別任各類神話的主編。我開始向全國各地區各民族的同行們組稿，劉文哲也開始組織聯繫各地的畫家，一切都朝著一個美好的明天奮進著。

　　唯一遺憾的是，沒有經費。原先講我們自己先墊付，而後報銷。可後來這些承諾卻無一兌現。在當時信心滿滿、情緒高漲的情況下，這個問題並沒有阻擋住我們努力的腳步。我以山西太原為起點，將目光和腳步向四方延伸。我翻越皚皚白雪的天山，爬上帕米爾高原塔吉克的「公主堡」；踩著青海湖的水波，翻過格爾木山口；走進祁連山南北，黃河上游兩岸；從成都出發，過二郎山，越大渡河，走鐵索橋，上跑馬山，渡金沙江，過昌都，進拉薩；又進入川南、廣西、雲貴高原，穿行在傣族、彝族、苗族、侗族、白族、羌族、水族、佤族、納西族等風景如畫的少數民族聚居地；從海南島黎族的椰林中歸來，又掉頭北上，來到延邊朝鮮族地區，走入呼倫貝爾蒙古族、鄂溫克族、鄂倫春族的草原、森林。從南國水鄉，到北國大漠，從青藏高原到東南部畬族所在地，我的足跡幾乎踏遍全國所有兄弟民族的聚集地。整整三年半的時間，我開闊了自己的視野，瞭解了各兄弟民族的神話傳說、民情風俗，也真正體會到祖國山河之壯美遼闊，兄弟民族的熱情與真誠，中國文化之博大精深、豐富多彩⋯⋯功夫不負有心人，在上述各地眾同行、師長、朋友的幫助下，數百萬近千萬字的神話資料堆滿了我那不大的書房。各地各民族兄弟們的熱情、無私的奉獻（因當時沒有一分錢的酬勞）、傾其所有的真誠、盼望「插圖本中國神話大系」早日面世的期待，至今回想起來，依然令我心潮起伏、熱淚盈眶⋯⋯

鍾敬文先生慷慨應諾做顧問，並指導如何分類、如何排列。王松先生傾其所有，將自己親自蒐集、整理的約七十則雲南諸民族神話故事的手稿交付於我。袁珂先生的囑託、陶陽先生的指點、劉錫誠先生的教導，還有那眾多的兄弟民族神話的蒐集、紀錄、整理者的行動，椿椿件件的往事，成為激勵我一直走到今天的精神瑰寶和支柱。

　　根據諸位前輩的意願和世界神話學分類的基本原則，按照方位，先中原，再西北、西南、東南、東北的排序，將所有的神話故事遵循創世神話、洪水神話、天體神話、大地神話、英雄神話等分類標準，打破民族侷限，編輯成為一部數百萬言、十餘卷本的神話資料，為日後研究者查閱和讀者閱讀，提供了一個前所未有的「神話大系」。按當時的編排思路，前有總序，各類有分序，是一個不錯的選擇。但今天看來，這種編排方法卻有著一個明顯的不足，即作為資料，供研究者使用無疑是科學客觀的，但作為一部供普通讀者閱讀的民間文學神話故事大系，相似、相同類型的故事排列在一起，難免會失去眾多的讀者。今日，出版社的同志以聰慧的思路、敏銳的眼光指出其中的不足，並將其按民族重新編排，無疑為該叢書平添了幾分亮色。真的應該謝謝他們，謝謝他們付出的努力。

　　時至今日，最令人遺憾的是以劉文哲先生為主導的所謂「插圖本」三個字不得不取消。雖說已組成數十幅畫作，但隨著時間的流逝、內容的龐雜、出版經費的久難到位，這些只能成為一個美好記憶。在姚軍等先生多年來的不懈努力下，叢書今日終於付梓，但往事還是應當讓人知曉。

（三）

　　從這套書開始設想至今，二十五年過去了。二十五年，對於任何一個人來講，如何形容它的珍貴價值都不為過。而今我已至耳順之年，太多的往事，充溢胸間，看著這套在眾多的資料中篩選、編輯出來的《中國各民族神話》，有著說不盡道不明的感想與啟迪。下面就將我的幾點感悟呈奉給讀者，也算是了卻自己的些許心願吧！

　　首先，只要認真讀完這數百則各民族的神話故事，就一定會產生一個想法，那就是今天我們這個中華大家庭中的各個民族，在各自的童年時代就有著親密的聯繫，有著割捨不斷的血緣親情。比如射日神話，在各個民族神話中或多或少都有其變異、發展的蹤跡。雖說各民族同類神話異彩紛呈，但究其精髓、查其細節，相同或相似點遠多於相異處。如果我們按地理坐標來查尋的話，從東海之濱的古代部落說起，沿黃河一線西去至崑崙神話系列，再從東北各民族的神話南下西南各地，均有射日、請日、喚日出的情節。而按照這些點、線，我們總可以在相近地區甚而相鄰國家找到這則神話故事的眾多變體。而在中國版圖上，犬祖神話、洪水神話、英雄神話中諸如此類的故事俯拾皆是。這說明中華民族在很早以前就是一個鬆散的整體，是一個文化血脈相連相親的大家庭。

　　其次，在各民族的圖騰神話中，創世神的形象、創世的過程竟然如此相似。比如關於龍的神話傳說、巨人的神話故事、天鵝處女型的神話傳說，不僅在國內各民族中廣泛流傳，甚至遠播到南亞、東南亞、西伯利亞、中亞、朝鮮半島、日本列島。這充分說明在神話傳說時代已有了民族意識的萌芽，已呈現出民族美德的初級形態。各兄弟民族神話相聚一處，既可看到各民族人民豪邁、粗獷、激情澎湃、氣

勢磅礡的情懷，也可看到其默默無聞、勤勤懇懇、紮紮實實履行自己職責的品格。中華民族流傳千古的性格、思想、美德無不清晰入目。倘若從神話美學角度來看，民族意識、民族美德、民族精神在神話中已表現得淋漓盡致。

其三，我們在這眾多的神話故事中，可看到一條清晰的發展脈絡，即愛情故事結構的發展軌跡。從神與神的戀愛，到神與仙的戀愛，再發展至神與人、仙與人的戀愛，而後延續發展出精與人、怪與人、鬼與人、動物與人的戀愛。遍查中國文學史，無論是中原漢語言文學，還是西域多民族文學中，歌頌愛情，尤其歌頌愛情中的女性是一個源自神話時代的母題。無論歲月如何流逝、朝代如何變更、民族間如何爭鬥，這一文學的敘事方法一直沿著自身的發展軌跡義無反顧地向前發展、繁榮著。如果日後有人想寫一部中國女性文學史的話，要將目光盯在自古至今女性在文學形象中發展、演進的脈絡上，必能成就一部皇皇巨著，而源頭，就深深地植根於古代神話的沃土。

其四，就像每個人永遠不可能再回到自己的童年時代一樣，人類也不會再回到自己的神話時代。但那個人類純真時代留給今人與後人的那些清純的思想、健康的人際關係、豐富的想像、執著的追求、坦誠的信任、無瑕的希望、樸素的語言表達、不自覺的宇宙解釋，將永遠永遠牽動著人類的思念與回憶。

不必再一一列舉，中國各民族的神話呈現給我們的還有更多更多。只是讓我最難以啟齒的是，最初研究神話學、文化人類學是起步於「西域文學」與「中原文學」這一命題的論證，可沒想到，當年一頭栽進神話領域，至今仍深陷其中，難以自拔，加之後來涉獵太廣，如今已無法再去完成這一歷史使命。回想這麼多年來，多數時候碌碌

無為，難有成就，真是愧對歲月，愧對師長，愧對當年的一腔熱血。這個命題，只有留給後來之俊傑們去完成吧！而逐日與填海的精神是完成這一命題的源泉。

時至今日，在這套神話大系問世之際，留下幾段發自內心的文字，算是對過去的往事做一個交代，對讀者做一個說明。至此，我必須再一次地感謝前輩鍾敬文先生、袁珂先生等對我的指導，王松、陶陽、劉錫誠、劉魁立、魯剛、楊智勇、郎櫻、吳超、蕭兵諸先生對我的支持，陶思炎、葉舒憲、周明、陳江風、陳勤建、王四代、唐楚臣、楊士恭諸朋友對我的幫助。特別要感謝李廣潔社長的大力支持和出版指導，姚軍先生、劉文哲先生、董智敏先生的首倡之功和不懈努力，閻衛斌、莫曉東等同志的鼎力協助。對於所有參與本書編寫工作的前輩、師長、同行、朋友，在此一併感謝。

當讀者看到這套書的時候，唯一使我欣慰的是，在大家的大力協助下，我們終於填補了中國在此領域的一項空白。最後，用兩句詩來作為代序的結束語：

「屈指歷數平生友，只覺人生也豐盈。」

（需要著重說明的一點是，當年我們在蒐集、整理、歸納各民族神話故事時，關於民間文學的著作權有關規定尚未頒布，現已無法再一一關照，特此註明。）

姚寶瑄
二〇一四年六月十二日（甲午年五月十五）
於山西大學陋室

目錄
CONTENTS

逐日與填海（代序）

第一章　土家族

創世神話

004　張古老製天，李古老
製地

004　依羅娘娘造人

005　虎兒娃

007　鷹氏公公和佘（蛇）
氏婆婆

008　鷹馱佘太婆

洪水神話

012　齊天大水

020　青蛙吞太陽

021　兄妹開親

021　馬桑樹的變遷和百家
姓的由來

大地神話

028　土王的公主

英雄神話

030　神農老娘擠奶漿

031　鐵塔娶龍女

第二章　毛南族

洪水神話

044　盤古的傳說

051　天皇到盤、古

056　盤和古

天體神話

058　格射日月

062　昆屯開天蓋

英雄神話

066　三界公的故事

067　格

068　九官

069　社王

第三章　侗族

創世神話

074　創世女神薩天巴

洪水神話

106　龜婆孵蛋

110　捉雷公

大地神話

118　叟

120　姜古造地

英雄神話

122　四也挑歌傳侗鄉

124　風雨橋的傳說

127　達摩天子

127　兄妹救太陽

130　姜良與姜妹

131　大小板凳老神

131　吳勉

137　找歌的傳說

第四章　瑤族

創世神話

144　密洛陀

147　開天闢地的傳說

149　天上掉下的肉碎

150　密洛陀神譜

155　密洛陀創世

洪水神話

182　日月成婚

187　伏羲兄妹

191　伏羲兄妹的故事

天體神話

198　射月亮

英雄神話

204　謝古婆與格懷

210　過山瑤的來歷

219　金蘆笙

第一章

土家族

創世神話

張古老製天，李古老製地[1]

天地遭到破壞以後，玉帝就叫張古老和李古老去製天製地。

這兩個神人都是法力無邊，又很和善。張古老製天的時候，李古老卻在打瞌睡。

張古老用什麼製天呢？他用五彩石製白天，所以，天空才五彩繽紛，又平平展展，很叫人喜歡。

張古老製完天，一看，李古老還在呼嚕呼嚕睡覺，他怕耽誤玉帝的使命，就在南天門外放了幾個炸雷，轟隆轟隆幾聲巨響，才把李古老驚醒。李古老睜眼一看，見張古老的天已經製好了，一時慌了神，順手抓了把泥土急急忙忙一捏，捏成個大山包，接著，又拿起棒棒，東一劃，西一刷，就造出了許多河流。只是，河裡的水流到哪裡去呢？他再次舉起棒棒，用力往地下一戳，大地上便出現了天坑、大海和湖泊。

今天，這世上山多、洞多、天坑多，海大、湖泊大，河流彎彎曲曲地流，都是李古老毛手毛腳造成的。

依羅娘娘造人[2]

張古老、李古老把天地做成後，凡間沒有人，空空蕩蕩。有一

1　本故事流傳於湖南土家族地區。苗風根據《中國少數民族文學》，湖南人民出版社，1983年版）有關土家族文學改寫。
2　本故事選定者：藍田。

天，墨特巴對張古老說：「張古老，你做個人吧！」

張古老答應了。他做了五天五夜，人的腦袋、手和腳、耳、鼻、眼都做了，只是沒有做屙屎屙尿的，站著又不會走路，睡著又不會出氣。張古老造人沒有成功。

墨特巴又去對李古老說：「李古老，你來造個人吧！」

李古老答應了。李古老做了六天六夜，人的腦袋、手、腳、耳、眼、口、鼻都做了，屙屎的做了，只是沒有做肚臍，站著不會走路，睡下不會出氣。李古老做人也沒做成功。

墨特巴只好去找依羅娘娘，對依羅娘娘說：「娘娘，請你做個人吧！」

依羅娘娘一聲不吭，她默默做了，只做了三天三夜。她用葫蘆做人的腦袋，腦袋上捅了七個眼，耳、鼻、口、眼都有了；又用竹子做骨架；用荷葉做肝肺；用豇豆做腸子；又做了屙屎屙尿的；再捅了肚臍眼；最後，依羅娘娘朝做好的人吹了口仙氣，人睡著有氣了，站著能走路了。

依羅娘娘做人做成了。

虎兒娃[3]

相傳，張古老製天、李古老造地之後，依羅娘娘造出了人。有一

3　本故事流傳於湖南土家族居住地區。選定者：藍田。

天，人和虎結為夫婦，不久，就生下一個孩子。這孩子的臉一半像人、一半像虎，既有人的聰明，又有虎的勇敢，人們就叫他「虎兒娃」。

虎兒娃長大之後，就跑進山裡，因為他的聰明和勇敢，百獸就叫他為王。

京城的皇帝有個三公主，有一年，她去遊玩的時候，卻被魔王搶了去。皇帝很快張了榜，說誰能救回三公主，就將三公主許配給誰。虎兒娃知道這事之後，就去揭了榜。

虎兒娃揭了皇榜之後，就獨自去魔王的洞裡討三公主。那魔王不僅不給，還朝他吐出霧氣，要把虎兒娃吹跑。魔王這霧氣卻不是等閒之物，它一吹，連大樹都會被連根拔起。可是，任魔王吹再大的霧氣，虎兒娃卻紋絲不動。魔王害怕了，正要轉身逃走，卻被虎兒娃衝過去，一刀就把魔王斬了。

虎兒娃把三公主送回宮廷。皇帝遵守諾言，就將三公主嫁給了虎兒娃。

虎兒娃和三公主成婚之後，生下了孩子，他們就是後來的土家人。

收集整理者：彭迪

鷹氏公公和佘（蛇）氏婆婆

相傳，遠古時候，有人了，就有了氏族，氏族與氏族之間常常為了爭食物，互相打起來。有一次，虎氏族與佘（蛇）氏族發生了戰爭，打得十分殘酷，兩個氏族都互相殺光了，只剩下一個叫佘（蛇）香香的姑娘，因為躲到荒山野嶺的山洞裡，才沒有被殺死。

天上的岩鷹見佘（蛇）香香一個人，十分孤單，就飛來跟佘（蛇）香香做伴。佘（蛇）香香很感激岩鷹。岩鷹又把她背到一個叫八坪廊場的地方，在那裡開荒種地過日子。

一天，佘（蛇）香香乾活累了，在一個水潭旁邊的樹下歇腳時睡著了，夢見兩隻小岩鷹突然撞進她的懷裡，她便懷了孕。不久，她便生下一男一女。女的是姐姐，取名叫芝蘭；男的是弟弟，取名叫天飛。因為姐弟倆是在水潭邊懷的孕，便以譚為姓。佘（蛇）香香臨終時，囑咐姐弟倆，要記住岩鷹的恩德，要敬奉岩鷹，不要射殺岩鷹。

芝蘭和天飛長大了。這世上只剩下他們姐弟倆，如何繁衍人類呢？他們沒了辦法。岩鷹便飛來勸他們姐弟婚配，繁殖人類。姐弟兩個都不肯。岩鷹說：「你們姐弟倆繞著山背道而行吧，若是你們倆相遇了，這是天意，天叫你們婚配。」

姐弟倆答應了，便各自背道而行。可是，弟弟走著走著，卻迷了路。那圓圓的山，走來走去，總是不能跟姐姐相會。岩鷹又飛來為弟弟引路。果然，姐弟相會了，只好結成夫妻，繁衍了人類。

至今，八坪潭一帶的土家族還是姓譚。他們至今還是信奉岩鷹和蛇，子子孫孫都規定不准射殺、傷害鷹和蛇。

供稿者：彭迪

鷹馱佘太婆[4]

從前，湖北長陽北荒寨上住著一戶姓佘的土家人，夫妻倆有一個小姑娘，這姑娘美麗又勤快。他們住在吊腳樓草屋裡，在附近的田野裡耕耘，生活還過得去。小姑娘九歲的這年，阿爸在山上砍柴，摔下萬丈懸崖死了。連屍體也沒收到，阿媽急得吐血，只幾天也死去了。留下個小姑娘，無依無靠。

北荒寨上的土司知道了這事，便叫人把小姑娘弄來，做了他家的女奴。土司的管家每天給她派的活路，連精壯的小夥子也做不完，收拾屋子、打掃院子、推磨、背水、弄柴、挖地、打豬草……累得她喘不過氣來。吃的是土司家的剩飯殘湯，穿的是他們丟了的舊衣破鞋。一不順土司家的心，棍子、竹條子便打上身來，小姑娘被折磨得骨瘦如柴。

痛苦的日子熬了三年多。這年冬天，土司生了一場病。土司的老婆把小姑娘叫到面前，瞪著眼睛、板著臉對她說：「老爺病了，要山黃蓮做藥，只有你才能挖得來，去吧！若是挖不到這味藥，你就別再回來！」

小姑娘一看門外，滿山遍野蓋著白雪，不覺顫抖了一下。可有土司老婆逼著，只得用棕包著腳，穿上草鞋，頂著呼呼的北風，向大山裡走去。她邊走邊想：就是有山黃蓮，也埋在積雪下面，到哪去找？她爬雪坡、翻冰岩，想在岩壑裡找到這山黃蓮。突然間，腳一滑，身

4　本故事流傳於湖北省。本文選自《土家族民間故事選》，上海文藝出版社，1989年版。選定者：王四代。

子像騰雲一般墜落，下面是萬丈深淵。

人不睜眼天睜眼，無娘的兒天照應。半空突然飛來一隻大山鷹，把她馱起來。大山鷹搧動翅膀，飛啊飛啊，終於在一個平處落了下來，小姑娘得救了。

這時，小路上走來一個老獵人，他背著火銃、挎著藥鼓子，邊走邊看。發現積雪中站著一個小姑娘，他非常驚奇，問道：「你怎麼到這裡來了？」

姑娘感到老獵人非常和藹、善良，便把經過一一告訴了他。老獵人問：「山鷹到哪兒去了？」

小姑娘指著落在樹上的山鷹說：「在那兒。」

老獵人過來看了看山鷹，對它說：「因為你救了這姑娘的命，所以我雖是獵人，也決不傷害你！」說完，背起小姑娘，朝山下走去。

老獵人住在山下的一間杉皮屋裡，家裡只有一個十四五歲的兒子。他見阿爸背個小姑娘回來，馬上生起一大堆火來給他們烤，又煮了噴香的麂子肉和金黃的苞穀飯給他們吃。從此，姑娘和少年形影不離，長大以後，結成了夫妻，共生了八個兒子，他們就是譚姓人的先祖。

譚姓人至今都不准傷害鷹，因為鷹救過他們的先祖。

蒐集整理者：杜榮東

洪水神話

齊天大水[5]

凡間世上有了人，人多了，什麼人都有了，有好人、有惡人、有狠人，好像一棵樹上的果子，酸的甜的都有哩。

那時候一母生下五個兒子，個個都是狠人，老大叫氣力大哥，老二叫蠻力二哥，老三叫鐵漢三哥，老四叫銅漢四哥，老五叫沙卡五哥。這幾兄弟又蠻又狠，天下無敵。還有一個小弟弟叫甫梭，一個妹妹叫冗妮[6]，年紀還小哩。他們的老娘害了三年六個月的病，一年四季都睡在床上哼。有天夜裡，娘又捧著胸口，「哎喲哎喲」地哼了起來。幾個兒子站在娘的床前問道：「娘哎，你哪裡疼啊？」娘說：「我的心裡像錐子錐啊。」「娘哎，你這樣痛得很，到底想吃點什麼？」「我想吃什麼嗎？龍肝虎肺嘗過了，山珍海味吃厭了，只想熬點雷公肉的湯喝喝，死了也閉眼睛了。」幾個兒子聽了娘的話，嘰嘰咕咕笑了起來：「想吃雷公肉有什麼要緊，不是和吃雞肉一樣容易嘛！」

幾兄弟一商量，就各忙各的，大哥起了個鐵屋，二哥在鐵屋上鋪了一層苦楝樹皮，三哥造了個大鐵櫃，四哥打了一把三百斤重的牛尾大鎖，五哥用大甑子蒸了三石六斗棕樹籽，蒸熟後，倒在坪場裡，趕了十二頭大水牯，「嘰哩咣噹」地踩了起來。

雷公的樣子實在難看死了，長著一身長毛，尖嘴巴和雞嘴一樣，背上生有一對翅膀，常常搬起一把斧頭在天上飛來飛去。一天雷公正在天上飛，猛然看到沙卡五哥趕水牛踩小米，他把棕樹籽當成小米

---

5 本故事流傳於永順、古丈、保靖、龍山沿酉水一帶土家族聚居區。本文選自谷德明編《中國少數民族神話》，中國民間文藝出版社，1987年版。

6 小兄妹的名字因土音有叫羅子、羅妹者，有叫甫梭、冗妮者，本文稱甫梭、冗妮。

了。這樣蹧踏五穀，那還得了，惹起他一肚皮的火，踩著幾道電光，嘩地飛下來，站在鐵屋上東張西望。哪曉得踩在苦楝樹皮上，腳板一滑，一個翻天筋斗，跌在坪壩裡。幾兄弟正在等著哩，一看雷公跌下來，那五雙手好像鐵夾子，有的掐雷公的翅膀，有的掐雷公的腳，有的掐雷公的手，有的掐雷公的喉嚨，雷公怎樣也掙脫不了。兄弟們七手八腳趕快把鐵門打開，把雷公關在鐵籠裡，用三百斤重的鐵鎖鎖上。

老娘聽說捉到雷公了，病勢減了幾分。她坐起來對兒子們說：「老大，你趕快上街買幾斤鹽、幾斤辣子，打十多斤酒囉；老二，你趕快上山背幾捆乾柴去囉；老三，你下河挑水囉；老四，你趕快把菜刀好好磨一磨囉；老五，你趕快把舅舅、舅娘、姑娘、姑爺接來，大家吃一筷子雷公肉囉。」兒子們都聽娘的話，出門各做各的事去了。大哥出門時，對甫梭和冗妮說：「雷公和你們討火討水，不要理他，你們守好鐵籠子，要記著我的話哩。」甫梭、冗妮答應了。

娘給兒子們安排的事、講的話，雷公在鐵籠子裡都聽得清清楚楚，想到自己有翅膀也飛不上天去了，明天就要到鍋裡煮呀，越想越怕，越想越傷心，放聲大哭起來。雷公哭著對甫梭說：「阿可必（小哥哥），阿可必，我三天沒吸草煙了，你做做好囉，給我一點點火囉。」「那不行哩，我哥哥講下話，不能給你送火哩。」雷公又苦苦哀求說：「阿可必，你做做好囉，只要把火星子對我亮一亮，我也感激不盡哩。」甫梭見他樣子實在太可憐，就拿起火柴　對鐵籠子亮幾亮。雷公又哭著對冗妮說：「阿大必（小姐姐），阿大必，我三天三夜沒喝水了，肚子裡快起火了，給我一點水囉。」「那不行呀，我哥出門時講下話，不能給你送水呀。」雷公又苦苦哀求說：「阿大必，

你做做好囉，你用手指頭彈三滴滴水，我也感激不盡了。」冗妮看他樣子實在可憐，就用手指頭把水對著鐵籠彈了三滴。

要火得火了，要水得水了，絕處逢生了，雷公有救了。猛然間，「吼隆隆」幾個炸雷，就像對門崩了幾座大山，幾道電光，陰水起，陽火發，鐵籠燒熔，鐵門劈開，雷公逃走天上了。

玉帝一見雷公就問道：「老雷，老雷，這幾天沒看見你，你鬼混到哪裡去了？你的臉色那樣焦黃難看，莫非害了一場大病嗎？」雷公眼淚汪汪地對玉帝說：「凡間世上出了狠人，他們捉住了我，安排要吃我的肉哩，若不是甫梭、冗妮搭救，我早就煮成一鍋湯了。玉帝爺，你要給我報仇哩。」雷公又哭又講，伏在地上不起來。玉帝聽了雷公的話，氣得渾身發抖，他一手把雷公扶起來，安慰說：「莫哭了，莫哭了，給你報仇就是了。」

玉帝把張古老叫出來，說：「張古老，張古老，你給雷公報仇，把天翻下去吧。」張古老邊咳嗽邊說：「我老了，只造得天，沒本事把天翻下去了，你叫別人去翻吧。」玉帝把李古老叫出來，說：「李古老，李古老，你給雷公報仇，把地翻過來吧。」李古老邊搖頭邊說：「我老了，我只造得地，沒有本事把地翻過來了。你叫有本事的人去翻吧。」

張古老、李古老不願替雷公報仇，雷公跪下去，抱住玉帝的腳，又放聲大哭起來。玉帝說：「莫哭了，莫哭了，別人請不動，你的仇自己去報吧。落七天七夜的大雨，漲個齊天大水，把凡間世上的人，都淹死了吧。」雷公歡歡喜喜地給玉帝磕了三個頭，就要去漲齊天大水了。左右兩旁的神人，看到玉帝叫雷公漲齊天大水，把世上的人一齊淹死，這事非同小可，這時玉帝又在氣頭上，大家你看我、我看

你，都不敢開口。那雷公笑瞇瞇地就要去漲齊天大水了，左班中閃出一個白鬍子神人叫太白金星，高聲喝道：「雷公止步！」他又跪在玉帝面前求情說：「有仇報仇，有恩報恩，甫梭和冗妮是搭救雷公的恩人，不得不搭救他們哩。」玉帝點頭說：「是！是！」就吩咐太白金星趕快想個搭救甫梭、冗妮的辦法。

太白金星決定給甫梭、冗妮送金瓜種。太白金星第一次叫麂子去送，那麂子把金瓜種送到很遠很遠的山坡坡上，沒有送到甫梭和冗妮的手裡。第二次又叫老鷹去送，那老鷹飛得老高老高，又沒有把金瓜種送到甫梭和冗妮的手裡。第三次叫燕子去送，那燕子飛得很低很快，一下就飛到甫梭和冗妮住的地方，歇在屋簷上，嘰嘰喳喳一叫，金瓜種落在甫梭和冗妮的腳邊。甫梭和冗妮趕快把金瓜子撿起來。那燕子流著眼淚，對甫梭和冗妮叫道：「洪水要發，快種金瓜。」連叫三遍，勃魯魯地飛上天，給太白金星報話去了。

甫梭和冗妮把金瓜種種在園圃裡。第一個早晨跑去看看，金瓜種暴出米粒大的包泡泡；第二個早晨去看看，長出尺把長又肥又嫩的嫩芽芽，牽出佾兒手一樣的嫩藤藤；第三個早上一看，牽出九丈九的長瓜藤；第四個早上去看看，瓜藤上開了一朵磨盤大的喇叭花；第五個早上去看看，這金瓜見風長，有一個倉屋那樣大了，它還在長；第七個早上去看看，這金瓜不長了，卻張開了一個大口口。甫梭和冗妮一看，這金瓜裡又滑又亮，他們鑽進金瓜裡去玩耍。

天黑了三天三夜，黑風颳了三天三夜。到第七天夜裡，烏天黑地，電光閃閃，雷聲隆隆，像水桶潑一樣的大雨落了下來，連落了七天七夜。大雨越落越猛，洪水漲滿了坪壩，漲滿了江河，漲平了高山。洪水還在漲呀、漲呀，山峰山尖不見了，世界上一片白茫茫的；

洪水還在漲呀、漲呀，天和地連在一起了，水漲齊天了；洪水還在漲呀、漲呀，漲進了南天門。

甫梭和冗妮鑽進金瓜裡，金瓜浮在水面上，像一隻小船，漂呀漂呀，漂了七天七夜。他們在金瓜裡悠悠忽忽，只聽得水嘩嘩地響、風呼呼地吹，也不清楚是日是夜了。金瓜漂到南天門外的古王山（傳說中最高的山，半截插進天裡）攔住了。「哐當」一聲，甫梭、冗妮被撞醒了，他們從金瓜裡鑽出來，站在古王界上一看，前面一片白茫茫，後面一片白茫茫，左面一片白茫茫，右面一片白茫茫，水從哪裡流來的也不清楚了。他們難過地大哭起來。

雷公報了仇，凡間世上只剩甫梭、冗妮兩個人了。雨住了。水消不下去。張古老和李古老商量，放九條龍穿九個地洞，把洪水引到海裡去。

水慢慢消下去了，甫梭和冗妮痴呆呆的，哪裡來不曉得了，哪裡去也不曉得了。你看我，我看你，傷心地對哭起來。一個白鬍子老頭過來了，穿著一件黃布大袖子衣服，搬著褡褳子和一把傘，邊咳嗽、邊喘氣走過來了。白鬍子對甫梭和冗妮說：「我是土義圖介（媒人）哩，專門跟人家做好事的。凡間世上只剩你兩個了，哥哥和妹妹也講究不得了，要成親哩，做個人種吧。」甫梭和冗妮紅著臉說：「是同一個娘身上落下的一塊肉，怎麼做那號事呢？莫講這種酸牙齒的話吧。」土義圖介說：「這樣吧，我們還是照天老爺的意思吧。你兩人各滾一扇磨盤吧，如果兩塊合在一起，那就是天老爺也要你兩個合在一起。」甫梭、冗妮答應了，甫梭上左邊的山上滾下一扇磨盤，冗妮在西邊山上滾下一扇磨盤，兩扇磨盤同時滾下來，七滾八滾，滾到溝溝裡，兩扇磨盤合在一起了。土義圖介笑著說：「兩扇磨盤合在一塊

了，這是天老爺的意思，再莫推三推四了，你兩個該成親了。」冗妮的臉紅紅的，甫梭低下腦殼不講話。土義圖介又說：「這樣吧，還是看看地老爺的意思吧。你們各種一蔸冬瓜吧，如果兩蔸冬瓜的瓜藤纏在一起，就是地老爺要你兩個成親哩。」甫梭和冗妮答應了。甫梭在溝這邊種一蔸冬瓜，冗妮在溝那邊種一蔸冬瓜，看到這兩蔸長起來，牽了藤子，瓜藤七牽八牽纏在一起。土義圖介笑著說：「兩根瓜藤纏在一起了，是地老爺要你們成親哩，再莫推三推四了，你兩個快成親吧。」冗妮的臉紅了，甫梭勾起腦殼不講話。土義圖介又說：「這樣吧，還是看看風老爺的意思吧。你兩個各燒一堆火，如果兩堆火的煙子絞在一起，就是風老爺要你兩個成親哩。」甫梭和冗妮答應了。甫梭在溝這邊燒一堆火，冗妮在溝那邊燒一堆火，兩堆火一燒，一扭一扭扭上天去了。火煙子衝到天上去了，一陣大風吹來，兩邊的煙子絞在一起了，一扭一扭上天去了。土義圖介笑著說：「兩堆火的煙子絞在一起，是風老爺要你們成親哩，再莫推三推四了，趕快成親吧。」冗妮還是紅著臉，甫梭還是勾起腦殼不講話。土義圖介嘆了一口氣說：「我的主意打盡了，我的嘴巴講乾了，你們還是不答應，岩縫裡生出來的筍子長不乖，強扭的瓜兒不甜，不願意的親事講不成，我土義圖介也沒有主意了。這樣吧，你兩個在古王界上繞山跑個轉轉，兩隻眼睛相見了，兩隻手相捏了，那就成親吧。」甫梭、冗妮答應了。

甫梭和冗妮在古王界上朝著一個方向跑，跑了七天七夜，兩個沒有碰見。甫梭有些心焦了，妹妹跑到哪裡去了呢？他跑呀跑呀，在路上碰到一個麂子，甫梭問道：「麂子大哥，麂子大哥，你看到我妹妹了嗎？」麂子說：「我到山那邊吃嫩草，沒碰見你妹妹呀。」甫梭只好又往前跑，跑呀跑呀，碰到一隻野貓，甫梭問道：「野貓公公，野貓公公，你看見我妹妹了嗎？」野貓說：「我抓人家的肥雞婆吃，沒

碰見你妹妹呀。」甫梭只好又跑，跑呀跑，碰到一隻喜鵲飛來了，甫梭問道：「喜鵲大嫂，喜鵲大嫂，你看到我妹妹了嗎？」喜鵲說：「我在樹上起窩，在草叢裡啄蟲蟲，沒見你妹妹呀。」甫梭只好又跑，跑呀跑呀，碰到一隻畫眉飛來了。甫梭問道：「畫眉妹妹，畫眉妹妹，你看見我妹妹了嗎？」畫眉說：「我在樹籠裡唱歌，沒見你妹妹呀。」甫梭只好又跑。跑呀跑呀，一隻烏龜慢慢爬來了。甫梭問道：「烏龜先生，烏龜先生，你看到我妹妹了嗎？」烏龜先生伸出腦殼，笑著說：「有個姑娘家，穿的白汗衣、綠布褲，頭髮辮子長長的，兩個米米（奶奶）鼓鼓的，屁股吊吊的，過河的時候，在我的背上踩了一腳，放了一個臭屁，那是你的妹妹嗎？」甫梭歡喜地笑了起來，說：「那就是我的妹妹呀，那就是我的妹妹呀。」烏龜先生慢慢騰騰地說：「你把眼睛往後看一下，就會看到她的；你把手往後面摸一下，就能捏到她的。」甫梭的確往後面看一下，看見冗妮了；往後摸一下，摸到冗妮了。苦李子樹下相見了，苦李子樹下相捏了。土義圖介看見了，笑瞇瞇地說：「兩眼看見了，兩手相捏了，講道理你們要成親了，講天理你們要成親了。」甫梭和冗妮說：「哥哥和妹妹成配，有什麼臉見天嘞！」土義圖介說：「這不要緊呀，掛籠帳子把天遮著吧。」「哥哥和妹妹成配，有什麼臉見地嘞！」「那不要緊呀，鋪床蓆子把地隔著吧。」「哥哥和妹妹成配，有什麼臉見世上人嘞！」「那不要緊吵，用絲帕把冗妮的臉遮著吧。」「哥哥和妹妹成配，耳朵也醜了，手腕也醜了，手指也醜了，腳也醜了哩。」「那不要緊呀，耳朵吊個耳環，手腕戴副手圈，手指戴個戒指，腳桿裹雙裹腳哩。」講也沒有講的了，推也沒有推的了，甫梭和冗妮在苦李子樹下成了親，從那年起，苦李子又酸又苦。

　　甫梭、冗妮成親後，冗妮問甫梭：「你怎麼曉得往後看，往後摸

呢？」甫梭說：「是烏龜先生教我的。」冗妮說：「我們應該謝謝烏龜先生呀。」甫梭說：「好！」過了三天，甫梭和冗妮穿了一套新衣服，提了一壺酒、一包糖、一個豬腦殼，去謝烏龜先生。烏龜先生正在岩板下歇涼，看到來了客人，一擺一擺從岩板裡鑽出來。還沒等烏龜先生走近，冗妮一大步跳上去，一腳踩在烏龜先生的背上。烏龜先生掙也不脫了，忍著疼喊冤枉：「我正想吃喜哩，我是做了好事的，為什麼踩我？」冗妮的臉也紅了，邊踩邊罵：「哪個要你王八多嘴，害得哥哥和妹妹成配，跳進黃河也洗不清這個醜名聲了。都是老王八多嘴害了我。」她越罵越氣，又狠狠地踩了幾腳，烏龜先生的背被踩得扁扁的，腦殼也縮到肚皮裡去了，它的背上印上八卦，就是冗妮的腳印。烏龜受不了，只好求饒說：「我錯了，我錯了。」甫梭看不過眼，生拉活扯勸冗妮莫踩了。冗妮拗不過，又不解恨，她蹲下來在烏龜身上尿了一泡尿，現在烏龜身上有騷氣，這就是冗妮的尿騷哩！

甫梭、冗妮成婚了，一日三、三日九，冗妮有孕了。懷了十二個月，有天夜裡解懷了。怎麼沒聽到哭聲哩？點起油燈一看，哎呀，是一團血糊糊的肉疙瘩呀。說是活的呢，沒腳沒手沒嘴巴；說是死的呢，又在地上滾動哩。是什麼怪東西呀？甫梭和冗妮為難了。抱起給土地公公看一看，土地公公看了一陣，說：「這是牛下貨吧？炒起下酒吧。」甫梭、冗妮為難地說：「是身上落的一塊肉呀，怎麼吃得下？」甫梭和冗妮抱起給山神爺爺看一下，山神爺爺看了一陣說：「是羊下貨吧？煮起下酒吧？」甫梭、冗妮為難地說：「是身上落的一塊肉呀，怎麼吃得下？」甫梭和冗妮抱起給帕帕嫲媽（女神）看一下，帕帕嫲媽邊看邊笑了：「這是人種哩，趕快砍起來，砍成肉疙瘩拋出去，誤不得時刻哩。」

沒有刀子砍不成，「天呀，天呀」喊了三聲，金光閃閃的金刀從天上拋下來了。沒有案板還是砍不成呀，「地呀，地呀」喊了三聲，一塊樟木案板拋過來了。甫梭挽起衣袖，拿起金刀，把肉團放在樟木案板上，狠狠地砍了起來。砍呀，砍呀，砍成了一百二十塊。冗妮從河裡背三背沙子和肉疙瘩一合，這就成了客家哩；冗妮到山裡背了三背泥巴一合，這就成了土家哩；冗妮從山裡背來三背樹苗一合，這就成了苗家哩。他們把肉疙瘩撒出去，撒到田裡是田家，撒到樹蓬裡是彭家，撒在象上是向家，撒到葉上是葉家，撒到豬上是朱家……撒出一百二十塊肉疙瘩，世上有了一百二十姓，凡間世上有人了，這裡煙子裊裊了，那裡歌聲繞繞了。到處雞叫狗吠了，客家人、苗家人、土家人，像塘裡的魚兒游起來了，像山上的竹筍長起來了，萬國九州有人了。

講述者：田德華　向廷龍　田光南

蒐集者：彭　勃　彭繼寬　田德風

翻譯整理者：彭　勃

蒐集時間：1962年5月

青蛙吞太陽[7]

　　神人張古老和李古老造天製地不久，天下又突然發了一場大洪水。洪水接連漲了七天七夜，把天地都沖垮了。隨後，張果老又造

7　本文選自谷德明編《中國少數民族神話》，中國民間文藝出版社，1987年版。

天，李果老又製地，洪水就退下去了。可是，洪水淹過的大地到處都水糊糊的，張果老便叫了十二個太陽來曬地。大地曬乾了，可是草木也枯了。有一隻青蛙看太陽太多了，就順著高大的馬桑樹爬到天上，一口吞一個太陽。當青蛙吞到第十一個太陽時，張果老就用棒子打彎了馬桑樹，它再也吃不到剩下的太陽了。

兄妹開親[8]

古時候，人們把雷公得罪了。雷公一氣之下，就下了七天七夜暴雨，把世上的人都淹死了，唯有躲在葫蘆裡的伏羲兄妹二人保存了性命。洪水退後，兄妹二人碰到了火神快卡快，火神讓他們兄妹成親，繁衍人類。可是伏羲兄妹堅決不肯。經過一些周折，二人商定繞大山追趕，如果迎面追上了就成親。於是一人在前面跑，一人在後面追，追了許久還是不能迎面追上。後來他們在路上遇到野貓、人熊、野牛、烏龜……烏龜指點男的回頭跑，二人很快便迎面相遇了。

兄妹成親後生了一個大肉球，他們用天神給的剪刀把肉球剪碎，扔向四面八方，變成了後來各民族的先祖。

馬桑樹的變遷和百家姓的由來[9]

很久很久以前，馬桑樹長得齊天高。孫猴子常常沿著馬桑樹往上

8　本文由谷德明據《湘西土家族的文學藝術》整理。

9　本故事流傳於重慶市酉陽縣土家族苗族自治縣老寨一帶。本文選自《土家族民間故事》，重慶出版社，1986年版。

爬。它爬呀爬呀，就從那樹頂爬到天上去了。

有一回，孫猴子闖進了玉皇殿，被巡天衛士抓住。巡天衛士把它抓去見玉皇大帝。玉皇大帝問道：

「你是何方毛猴？姓甚名誰？」

「我叫孫猴子，住在下界。」

「你是怎麼上天來的？」

「我沿著馬桑樹爬上來的。」

「你知不知道這是禁地？」

「我……」孫猴子答不上來了。

「你到這裡來乾什麼？」

孫猴子害怕受懲罰，就抓耳撓腮，編了一條理由：

「下界派我上天來求雨。」

「下界這幾年風調雨順，你來求什麼雨？」

「玉皇大帝呀，下界的田裡乾得起了一尺多寬的裂縫，井裡乾得沒有一滴水，河裡乾得沒有一滴水，湖裡也乾得沒有一滴水，再不下雨呀，人都要死完了。」

玉皇大帝聽了這話，連忙拿起金掃帚，在金盆裡蘸了一下，向下界灑去。

這一灑，人間下起了傾盆大雨，整整下了一天一夜，平壩裡的水淹起尺多深。

雨停了，太陽照著平壩裡的水，亮光光的。

玉皇大帝對孫猴子說：「孫猴子，你回去看看，地面上的水夠了吧！」

孫猴子走到南天門，向下一看，平壩裡亮光光的。他連忙跑回去，對玉皇大帝說：

「玉皇大帝呀，下界的壩子都還沒有打濕哩！」

於是，玉皇大帝又拿起金掃帚，在金盆裡蘸一下，向下界灑一下，一連灑了三下。

這一灑，人間下起了傾盆大雨，整整下了三天三夜。江河橫溢了，洪水氾濫了，淹沒了良田，淹沒了莊稼，淹沒了房屋，淹沒了森林，洪水還在往上漲，最後，只剩下一些山頂了。

雨停了，太陽出來了，下界成了一片汪洋。

玉皇大帝對孫猴子說：「孫猴子，你回去看看，這回下界的水夠了吧？」

孫猴子走到南天門，向下一看，他把那些山頂看成犁頭了。孫猴子連忙跑回去，對玉皇大帝說：

「玉皇大帝呀，下界的犁頭都還沒淹著哩！」

玉皇大帝聽了這話，就端起金盆，向下界潑去。

這一潑，洪水齊天了。巡天衛士來到南天門，看見洪水快要淹進南天門了，還在往上漲。突然，他發現滾滾波濤中有一個黑點，那黑點隨波起伏，越漂越近，越漂越近，漂到南天門了，他才看清是一個

葫蘆。他把葫蘆打撈上來，葫蘆裡蹲著兩個人，那就是羅神爺爺和羅神娘娘。

巡天衛士把羅神爺爺和羅神娘娘帶到玉皇殿上。羅神爺爺和羅神娘娘向玉皇大帝大講了下界洪水氾濫的情況，玉皇大帝又氣憤、又悔恨。

玉皇大帝連忙派李古老去治水，李古老拿著定海神針，一鑽一個湖，一拖一條河，七天七夜水就退下去了。

玉皇大帝又叫羅神爺爺和羅神娘娘回到地面，繁衍人類。

羅神爺爺和羅神娘娘回到地面後，羅神娘娘不願與羅神爺爺成親。她說：「親兄妹，怎麼能成親呢？」土地公公勸了好久，羅神娘娘還是不答應。土地公公說：「這樣吧，我們去搬一個磨子來，羅神娘娘你拿著磨底在西山上往下掀，羅神爺爺他拿著磨蓋在東山上往下掀，如磨底和磨蓋滾下來合在一起了，你們倆就成親；如果合不在一起，就不成親。」羅神娘娘想：「那麼高的山上滾下去，怎麼會合在一起呢？」就答應了。

於是，他們搬來了磨子，羅神娘娘在西山上把磨底掀下山去，羅神爺爺在東山上把磨蓋掀下山去，結果，磨底和磨蓋合在一起了。土地公公說：「好吧，你們倆成親吧！」羅神娘娘還是不答應。

土地公公又出了一個主意。他說：「這樣吧，我們去砍一根竹子來，羅神娘娘你拿一把刀從竹巔劈過去，羅神爺爺他拿一把刀從竹頭劈過去。如果兩個刀口合在一起了，你們倆就成親；合不起，就不成親。」羅神娘娘想：「兩頭劈兩個刀口怎麼會合在一起呢？」就答應了。

於是，他們砍來了竹子。羅神娘娘拿著刀從竹巔劈過去，羅神爺爺拿著刀從竹頭劈過去，結果，兩個口子便合在一起了。土地公公說：「好吧，你們倆成親吧！」羅神娘娘還是不答應。

土地公公又出了一個主意。他說：「這樣吧，羅神娘娘你在西山上種一棵葫蘆，羅神爺爺他在東山上種一棵葫蘆。兩棵葫蘆長起來，如果它們的藤纏在一起了，你們倆就成親；不纏在一起，就不成親。」羅神娘娘想：「哪有那麼長的葫蘆藤呢？它們怎麼會纏在一起呢？」就答應了。

結果，兩棵葫蘆長起來，藤緊緊地纏在一起了。土地公公說：「好吧，你們倆成親吧！」羅神娘娘還是不答應。

土地公公又出了一個主意。他說：「這樣吧，你們倆繞著古王界朝同一個方向轉，如果面碰面了，你們倆就成親；不能面碰面，就不成親。」羅神娘娘想：「朝同一個方向轉，怎麼會面碰面呢？」就答應了。

於是，羅神爺爺和羅神娘娘就繞著古王界轉起來，轉呀，轉呀，轉了七圈。轉得頭昏腦脹，不知南北東西。土地公公走上前，偷偷對羅神爺爺說：「你快回過頭去轉呀！」羅神爺爺聽了土地公公的話，回過頭一轉，就和羅神娘娘面碰面了。這一下，羅神娘娘再也沒有話說了，二人就在合歡樹下成了親。

羅神爺爺和羅神娘娘成親百日之後，羅神娘娘生孩子了。可是，生下來的不是孩子，而是一串葡萄。羅神爺爺就和羅神娘娘一起，把這串葡萄拿出去扔，摘一顆扔一顆，結果，扔一顆出去就變成了一個人。扔在桃樹下變成了人就姓陶，扔在李樹下變成人就姓李，扔在河

邊變成的人就姓何，扔在湖邊變成的人就姓胡⋯⋯百家姓就是這麼來的。

人煙繁衍起來了，萬物復甦了，馬桑樹又長得齊天高。

玉皇大帝害怕孫猴子又沿著馬桑樹爬上天來，亂報情況，給人間造成災難，就念道：

「馬桑樹兒高又高，不到三尺就勾彎。」

從此以後，馬桑樹就再也長不高了，孫猴子也就上不了天了。

（彭明清）

大地神話

土王的公主

　　土王有個公主，長得漂亮妖豔，名字叫地仙。由於土王每日忙於管理土地，對地仙公主少加管束，因此地仙任性乖張、凶橫粗野。地仙她一天遊手好閒，還赤身裸體鑽進山野岩洞裡玩耍。當她見到年輕後生，便強迫拉去陪她過夜，事後又殘忍地把年輕後生殺了。如此很久。天上的七仙女路過那裡，見地仙殺人太多，罪孽深重，就將她的神性蛻去，貶成地仙。但她的惡性不改，仍常常變成美女出來迷人。被她捉弄的小夥子，不思飲食，神魂顛倒，日夜亂說亂唱，見姑娘便去追逐。當地的人怕地仙作祟，常請老土司殺雞狗用雞血、狗血噴灑，並吟咒對地仙進行驅趕。

（楊昌鑫）

英雄神話

神農老娘擠奶漿[10]

五穀雜糧，傳說是神農皇帝造出來的，這中間還有神農帝老娘的心血哩！

神農皇帝說他是皇帝，其實和老百姓也差不多。那時，他和老百姓一樣住岩洞、披獸皮、圍樹葉、打赤腳、吃野果，不同的是他要為大家辦事。

神農皇帝想造出一種五穀雜糧，代替野果樹葉，他想了多少年，日也想，夜也想，頭髮鬍子都想白了；做了多少年，做了失敗，失敗又做，不曉得花了多少心血，臉上的皺紋也多起來了，背也有些駝了，人也顯得老了。

聽說神農皇帝造出五穀雜糧了，大家歡喜得又是跳，又是唱，還到神農住的岩洞裡去賀喜，神農專門請來幾個老人嘗一嘗。哪曉得五穀沒有水分，粗粗糙糙，咬不動，嚥不下，神農皇帝坐下來直嘆氣，幾個老人捧著五穀放聲痛哭起來。

神農皇帝的老娘六十多歲了，身子還硬朗，聽到哭聲走出來看了一陣，忽然對神農說：「兒啊，你是吃什麼長大的？」神農說：「那還用問嗎？是吃娘的奶奶長大的。」老娘說：「是呀，是我用奶漿養活了你，今天我還用它養活萬民哩。」說著，老娘解開衣服，用手把乾癟癟的奶頭一擠，說也奇怪，那奶漿像噴泉一樣噴出來。神農趕快把被奶漿浸透的五穀雜糧拌了拌。這次好了，又糯又香，吃來有味，又容易咽，神農皇帝和幾個老人，雙手捧著五穀雜糧，跪在老娘面

---

10 本文選自《土家族民間故事選》，上海文藝出版社，1989年版。選定者：王四代。

前，讓老娘的奶漿淋呀，淋呀。老娘年紀大了，奶漿越擠越少了。擠了一會兒，奶漿一滴一滴地在滴了。又擠了一會兒，老娘的臉色煞白了，但她皺起眉頭，仍然擠呀擠呀。最後，擠出來的是鮮血了。老娘倒下去了，再也不見她站起來，神農的五穀雜糧卻成功了。老人們含著眼淚，跪在老娘面前，說：「老娘啊，你用奶水和血，養活了我們，我們要報答您呀！」

現在的五穀雜糧還未成熟時，輕輕一掐，還有奶白漿流出來，那就是神農老娘的奶漿呀！

講述者：彭承松

整理者：彭　勃

鐵塔娶龍女[11]

一、奇蓮生異子

天塘湖滿滿盛著如意水，季節風不能把湖水吹冷或吹熱。一年三百六十五天，天天出太陽，不能把湖水曬乾一滴；夜夜下大雨，也莫想把湖水潑出半點。可惜湖裡一草不生、一蝦無有，平靜得透明徹亮，像一面永照蒼天的鏡子，嵌在天堂山上。

一天，土神阿公和阿婆來到這裡，正走得口乾舌燥，蹲下來同喝

11 本故事原名為《撒珠湖》。選定者：王四代。

一口如意水。阿公抹抹銀鬚嘆道：「嗨！好個天塘無生養啊。」阿婆搖頭笑道：「不！它是一塊奇蓮福地，在妊異子哩！」阿公喜道：「好哇！那你就讓我們土家的異子快生出來吧！」阿婆從隨身帶的花籃中，取出一節玉藕，朝天塘湖裡丟去，二老又雲游去了。

天堂山下，有一戶靠砍柴、挖葛為生的人家，老兩口沒兒沒女，辛辛苦苦在這裡生活了六十又六年。人們都叫他倆「葛公公」、「葛婆婆」。

這年八月十五，葛公公在山裡挖到一擔葛根。轉過山梁，來到天塘湖邊，捧起湖水喝了幾口，習慣地嘆了聲：「好個天塘無生養啊！」話音未落，只聽到「噗」的一聲，葛公公抬頭一看，可把他樂壞了：湖中不知什麼時候長了玉蓮，一隻最大的蓮蓬炸開了，裡面有個胖娃娃，正在伸手蹬腳地向外爬。葛公公不顧一切向湖裡撲去，將娃娃抱了出來，用衣襟包好，一氣跑回家。

葛公公進屋連打著哈哈，正在後屋打葛渣的葛婆婆聽到老伴兒這麼高興，問道：「老頭子，今天在山裡撿到什麼寶貝，這麼高興？」葛公道：「你快來看啊！我得個活寶貝！」葛婆婆忙走出來，見葛公公抱著個胖娃娃，喜道：「從哪裡撿來的？」「天塘湖裡撿來的。」葛婆婆雙手接過娃娃，喜道：「他叫什麼名字？」葛公公道：「這名字，就待你這做娘的起了。」葛婆婆聽了，摟住娃娃，疼愛地端詳著道：「這孩子生得五大三粗，長大和你一樣，定是個採山能手，就叫他『鐵塔』吧！」

鐵塔果然出息：五歲時就長得有十歲孩子那麼大，八歲時能幫助阿爹挖葛、砍柴，十六歲就成了遠近聞名的獵手，十八歲果然出落得像一尊銅打的羅漢、鐵鑄的金剛。他是天塘湖裡生、天堂山上長。因

為有了他，天堂山在人們眼裡更加美麗和神祕了。

二、天堂風雲

莫說人們對天堂山嚮往，就是神仙來到這裡，也流連忘返哩。

那一年二月初二，洞庭龍君壽誕之日，雲南洱海龍王命自己的五個女兒，前來給伯父拜壽。五姐妹高高興興地跳著彩雲，乘著和風，朝湘西一路飛來。在雲端俯瞰天堂山，像一朵剛出水的睡蓮，花心托著一顆晶瑩閃光的明珠。五姐妹被吸引住了，不約而同地按下雲頭，躍入湖中，喝了幾口如意水，頓時覺得渾身清爽、滿嘴香甜，一個個不想再飛走了。可是，天塘雖大，怎能住得下五條真龍！五姐妹便把她們準備在拜壽時才穿的五綵衣裙穿上，一剎時，化為五尾一尺多長的龍眼金魚。大姐著黑衣白裙，叫墨鱗；二姐著綠衣紫裙，叫翠鱗；三姐著紅衣黃裙，叫丹鱗；四姐著黃衣絳裙，叫金鱗；五妹著白衣白裙，叫雪鱗。在天塘湖裡沉浮暢遊，五綵衣裙閃閃發光，一忽兒飲玉吐珠、一忽兒掀波逐浪，相互嬉戲，給優美的天塘增添了生氣。

另外，天堂山還長著一個千年道鶴首翁（何首烏），頭髮全白，為人治病，他有七個胖孫，一片好心。

天堂山雖是名勝仙境，也藏著兩個妖精：一個是花尾臭狐精，一個是黃鼠狼精。臭狐精想吃掉龍女五姐妹；黃鼠狼想吃鶴首翁的七個胖孫孫。

三、天堂的主人

　　一天早晨，鐵塔挎上獵刀、弓箭，葛公扛上鋤頭和扁擔，從霧幕中登上了天堂山；葛公就在山腰挖葛，鐵塔繞上山路，去後山尋找獵物。轉過幾座山峰，來到天塘湖邊，見五彩金魚在水中追逐遊戲，吐出成串的銀珠，與初升的太陽相輝映，顯得晶瑩灼目。他輕步走上前去，忽然聽到那黑衣白裙的墨鱗說道：「我的五妹雪鱗，我好像看見一個人影。」白衣白裙的雪鱗答道：「不！那是樹影。大姐，是你看花了眼睛。」又聽到綠衣紫裙的翠鱗叫道：「我的五妹雪鱗，我好像聽到一點響聲。」雪鱗答道：「哦！別害怕！二姐，那是松鼠在扒枯藤。」又聽得紅衣黃裙的丹鱗道：「我的五妹雪鱗！我的心，為什麼跳得急？」雪鱗道：「你在穿梭似的急游，三姐，你當然不能平靜。」黃衣絳裙的金鱗道：「我的五妹雪鱗，我在慢游，為什麼也不能平靜？」「哈！四姐！在這春天裡，你可能動了春心。」「呸！鬼丫頭！看我不撕你的嘴……」湖裡傳出一陣笑聲和撥浪聲。雪鱗真的沒有察覺有人嗎？五姐妹中，數她眼尖，心最靈。其實呀，她早瞅見了立在樹後的鐵塔，也看透了他忠厚、本分、猛跳的心。鐵塔不想驚動她們，正要轉身，忽聽「叭啦」一聲響，一個尖嘴猴腮、長腰短腿的婦人，從湖死角處竄下去，一手撈住浮到淺水的金鱗，朝上猛拖。金鱗急呼：「姐姐！救我！」湖水掀起了急遽的浪花。雪鱗振翅飛躍上岸，朝那婦人劈面噴了口水，嗆得那婦人一個趔趄，鬆開金鱗，就地一滾，變成一隻五尺多長的花尾臭狐，張牙舞爪來抓雪鱗。雪鱗騰躍抗擊，甩動扇尾，給臭狐一記響亮的耳光。臭狐揮著前爪抓傷了雪鱗前鰭。正在這危急時刻，鐵塔拔出腰刀，大喝一聲：「臭狐看刀！」奮力揮去，正中臭狐尾根，臭狐一聲慘叫拔腿逃命去了。鐵塔急步趕

到水邊，雙手托起渾身顫抖的金鱗，輕輕地放入水中。又抱起負傷的雪鱗，用舌尖輕輕舐去傷痕上的血跡，敷上些狩獵常備的藥粉，放入水中道：「去吧！勇敢的雪鱗！」轉身正要沿著血跡追去，卻聽到湖中有人叫道：「神勇的鐵塔，請您稍停一下。」鐵塔轉身見天塘的水面上站著五位美麗的姑娘，向他施禮致謝道：「我們是洱海龍女五姐妹，來到天塘湖裡安家，無端引起花尾臭狐嫉恨，無時不在尋釁找岔，適才多虧您搭救，這恩情不知怎麼報答。送你金銀太俗，金銀只能使庸人眼花；送您珠寶太輕，珠寶難報答救命恩情。」鐵塔道：「打狼射狐，是獵人的本分，說什麼報答恩情？自從你們來到這裡，群峰增添了幽美，湖水更加澄清，在這裡常來常往，對你們，我倒要感激萬分。」正說著，忽聽到小孩的哭叫聲——「爺爺！爺爺！」大家循聲望去，只見一個渾身黃毛的野物，咬住一個繫紅抱肚的娃娃，從山梁上直竄下來。五姐妹齊聲驚叫道：「哎呀！黃煙怪咬住了何七！」鐵塔不聲不響，張弓拾箭，「嗖」地射去，百步以外，只聽黃鼠狼精「嘎」的一聲怪叫，栽了一個筋斗，拋開了娃娃。鐵塔飛步上前，正待舉刀劈去，那怪物連放三個救命屁，臭氣熏天，趁機竄下山溝不見了。地上留下一隻被射掉的耳朵。鐵塔連忙抱起那摔昏了的娃娃，五姐妹也趕來看護。這時，一位白髮銀鬚的老阿公，領著六個同樣大小白胖的娃娃，急步趕來，雙手捧住何七的頭，口對口地輸了一口長氣，何七睜開雙眼，叫了聲「爺爺！」眾人喜道：「老神仙真能起死回生！」老阿公接過何七，向鐵塔稱謝道：「多虧你啊！勇敢的獵人！你算得山林的主人。」

這老阿公就是玉屏峰頂的鶴首翁，七個胖娃娃就是他的孫兒。今早，他帶著他們出來採藥，被躲在刺蓬下的黃煙怪叼走了何七。祖孫聞聲趕來，幸遇鐵塔相救。龍女五姐妹也將花尾臭狐相害的事訴說一

遍，請老人想出個辦法，將這兩個妖怪除掉。鶴首翁道：「有道是：眾人拾柴火焰高，只要大家齊動手，把這天堂山七溝八梁十三灣，上上下下，全部開成良田活地，讓那些山妖野怪，無處藏身，自行滅跡。」鐵塔喜道：「我和阿爹早有開山之意，只是人手太少……」不等他說完，龍女五姐妹搶著道：「我們可以引水灌田。」何家七兄弟接著道：「我們可以拱土栽茶。」鐵塔道：「多謝各位樂意相助，待我回去和阿爹商量，再邀約附近山民，一同開墾天堂山。」大家拍手稱好，各自回家。

四、玉龍撒珠湖

鐵塔要開天堂山，多情龍女笑開顏。
引得天塘如意水，從此山坡有良田。

　　鐵塔自從砍掉花尾臭狐的尾巴、射落黃煙怪的耳朵以後，邀約了幾位山民，在龍女五姐妹與何家七兄弟的幫助下，一心挖山開田。一連四十八個晝夜沒睡覺，累得他們一坐下就睡著了。沒料想兩個妖怪趁這機會下毒手，從山上、山下，放起兩把火，想把開山的人們全部燒死。幸虧龍女五姐妹噴出天塘湖的水，把火澆熄。所以，天塘湖變淺，因為缺水，田也難開了，五位龍女也不能繼續在天塘裡安身，只有飛回洱海。可是，五姐妹愛上了天堂山，雪鱗更愛上了鐵塔，捨不得離開這裡，他們只有另找水源。鶴首翁把他們帶到玉屏峰頂，指著下面道：「這裡有口玉龍洞，洞裡有股玉龍泉，這洞口被山下長上來

的石柱堵住了，要有一位藝高膽大的人，從谷底爬上石柱，用開山斧將這根鎖龍柱攔腰砍斷，玉龍泉水就可衝出洞口，直瀉出來。」鐵塔挺身上前道：「我願前去，斬斷鎖龍柱。」大家從後山下到谷底，只見群山圍繞相連，形成一塊盆地，方圓十多里，石柱正好立在盆中央。這石柱十人伸手難圍，長滿了青苔，拔地百十丈高，直衝玉屏峰頂，上半截雲繞霧遮，蒼鷹在它的半腰盤旋。鐵塔伸手抓去，青苔又厚又鬆，被撕脫一大塊，柱身光滑筆陡，不能攀登。正在為難時，雪鱗道：「只能纏繞上去。」她和姐姐們嘀咕了一陣，轉身對鐵塔道：「我們背你上去，當心！不要摔下來了。」鶴首翁點頭會意對鐵塔道：「這叫五龍繞柱法。去吧，要小心！」只見五姐妹將五綵衣裙一抖，霞光萬道，使人眼花繚亂，鐵塔定睛一看，五姐妹早化成五條真龍，一條接著一條，繞柱盤旋而上，直到中段。十隻龍爪緊扣柱身，龍鱗片片張開，形成一道盤龍梯。鐵塔手持開山大斧，步上龍梯，站穩雪鱗肩上，向石柱猛砍。砍到一半的時候，鐵塔暗想：這上半截石柱倒下來，豈不是會砸壞五姐妹和何家祖孫？他遲疑一下，雪鱗好像知道他的心思，鼓勵道：「你只管加勁砍，何家祖孫早已離開，到時候，我們自有辦法。」鐵塔振奮神力，斧口落處，碎石橫飛。噹噹震響，山鳴谷應，不到兩個時辰，石柱只剩下一圍粗細了。雪鱗叫鐵塔住手，閉上雙眼，緊緊伏在她的肩上。只聽得「轟隆」一聲！五條真龍騰空而起，龍尾齊向石柱掃去，「嘩喇喇！」驚天動地一聲巨響，鎖龍柱齊腰斷為兩截，上半截從玉龍洞口倒落下來，摔得粉碎。玉龍泉水傾瀉直下，活像一根玉柱，落在下半截石柱頭上，恰似濺珠撒玉。霎時間，盆地變成一座大湖。五條龍繞湖飛騰一圈，停落湖岸，又變成了五位姑娘。鐵塔拉住雪鱗的手，稱謝不已。雪鱗羞怯地說道：「我們真該謝你哩！」

有了撒珠湖，鐵塔與山民們在湖邊開田，在坡地上種茶，安新家。由鶴首翁做媒，雪鱗與鐵塔訂了親。就在他倆結婚的那天，忽然一群官家人馬，一路鳴鑼開道，來到撒珠湖邊。從一乘綠呢大轎裡，出來一位大官，頭戴烏紗帽、身穿大紅袍，卻是一副獐頭鼠目的怪模樣，手裡拿著一卷黃布，高聲嚷叫：「聖旨下！」山民們不知道這是來賣什麼的，都圍攏來看稀奇。只見那官兒展開黃布宣讀道：「天堂山民謀反，闢山引水造田，不繳皇糧國課，論刑合當抄斬……」山民們見他那搖頭晃腦的醜相，更不知他嘴裡吐的什麼糞，都不禁哈哈大笑。人群中的小何七，見了那大官好生面熟，又缺了一隻耳朵，便悄悄地對鶴首翁道：「爺爺！那人好像黃煙怪！」一語揭穿了老底，眾人馬上警覺起來。雪鱗在鐵塔耳邊嘀咕了幾句，分頭準備去了。

　　原來黃煙怪與花尾臭狐，自從火燒天堂山以後，自身也無處躲藏，便狼狽為奸，喬裝為兄妹，逃進京城，迷惑皇帝。糊塗的皇帝老兒，竟收了臭狐為貴妃，封黃煙怪為國舅。兩妖怪掌了大權，為了報仇，誣告鐵塔與山民們造反。眾人正在紛紛議論時，一太監尖聲叫道：「娘娘駕到！」話音剛落，只見鳳輦上下來一個油頭粉面的婦人，惡狠狠地叫道：「老娘到此，爾等蠢民為何不來朝拜，真是罪該萬死！雪鱗來了嗎？老娘要剝下那狐媚子的皮，還有那壞透了的鐵塔……」正當她大施淫威，猛聽到一聲「臭狐看刀」，只見那女人一聲慘叫，現了原形。一隻沒尾巴的臭狐，被砍掉前腿，顫抖抖地趴在地上，護衛們嚇得面如土色，自稱國舅的黃煙怪見事不妙，扯下自身紅袍，扔掉頭上紗帽，拔腿想溜，被鐵塔一箭射中後腦，撲倒在地，現了原形，臨死還放了九個臭屁。

　　鐵塔與雪鱗結了婚，其餘四個龍女也在撒珠湖邊與山民們成了

家。從此，男耕女織，生兒育女，過著勤勞的日子，一代一代子孫昌盛起來了。

蒐集整理者：羅　軼

第二章

毛南族

洪水神話

盤古的傳說[12]

俗話說：盤古盤古，古不離盤，盤不離古。盤古的故事，要從土地和雷公打仗講起。

遠古的時候，管理大地的神叫土地，是一個善良的老公公。管理天上的神叫雷公，脾氣很暴躁，有生命的東西都怕他。因此百草百木百菜百果百鳥百獸百蟲百魚，統統逃到地上來了，使得地上萬紫千紅，熱熱鬧鬧；留在天上的只有雲霧風雨，冷冷清清的。雷公責怪土地騙走了他的寶貝，要和土地打一仗，奪回這些東西。他帶了十萬天兵天將，個個手拿著大銅鎚，氣勢洶洶地殺來。土地也不示弱，他率領十萬地兵，砍了樹木做盾牌奮勇迎戰。頭一仗，地兵的木盾牌經不起銅鎚，被打碎了很多，土地大敗。雷公把地上的靈芝、蟠桃、玉桂等仙草、仙果、仙樹搶到了天上。土地的十萬兵將換上了牛皮盾牌，再打第二仗。雙方交鋒，雷公用了九牛二虎三熊四蟒的力氣，想一鎚鎚碎土地的盾，二鎚砸爛土地的腦殼。不料牛皮盾牌越鎚越板，弄得雷公腰痠手麻，土地卻越打越猛。雷公眼見要敗，急忙噴出神火。土地用牛皮盾牌護身，牛毛紛紛著火燒掉了，土地連忙退兵。雷公見土地手中還有盾牌，不敢窮追，也收了兵。第三仗，是一場惡仗。雷公用一萬天兵拿刀，一萬天兵拿斧，一萬天兵拿矛，一萬天兵拿鎚，一萬天兵拿火，一萬天兵吹風，一萬天兵準備搶東西，剩下三萬天兵作衛隊。這三萬衛隊穿著雷公一樣的白衣白褲，用赤石燈染成像雷公一樣的大紅臉，讓土地分不清誰是真雷公，好在混戰中乘機殺死土地。

---

12 本故事流傳於廣西環江縣。本文選自袁鳳辰等編《毛南族、京族民間故事選》，上海文藝出版社，1987年版。

七路天兵，紅橙黃綠青藍紫，各拿一色旗，中央是衛隊，拿著銀旗。

　　土地探得雷公的戰法，叫地兵全都穿上黑衣服，拿著黑旗，又叫他們每人刮一大包鍋底灰藏好，單等打仗時用。天亮了，雷公帶著天兵殺下來了，土地叫地兵統統埋伏在岩洞裡。天兵橫衝直闖，不見地兵。雷公大怒，以為地兵都藏在草叢樹林裡，就叫拿風的天兵猛颳風，想把草叢樹木刮平。這時，土地叫地兵趁機出洞撒鍋底灰，十萬包鍋底灰被大風一攪，頓時天昏地暗，把雷公衛隊的銀旗染成了黑旗，白衣白褲也染黑了。七彩兵聽到地兵的喊殺聲，把天兵衛隊錯當為黑衣黑旗的地兵，奮勇砍殺過來。天兵衛隊在昏暗中看不清，也以為地兵打來，拚命用刀斧抵抗。過了好一陣，雷公才知中了計，連忙喚來一陣大雨，沖洗掉衛隊身上和旗上的黑鍋灰。

　　雨過天晴，雷公一看，天兵早死了一大半。這時雨水早沖掉了天兵衛隊臉上的赤石粉，只剩雷公一個是紅臉了。土地忙叫地兵把雷公團團圍住，將他活捉了。土地曉得雷公是條龍，得水會生力，就把雷公用鐵鏈鎖在石頭柱子上，讓毒日頭曬得他龍鱗脫落，渾身酥軟，沒有力氣。雷公望見老樹洞裡有水，就向老樹討水喝，老樹吱吱喳喳不答應。他望見古廟旁有水池，又向古廟討水喝，古廟也默默不做聲。雷公氣得記在心裡：有朝一日上了天，定要劈斷老樹，劈倒古廟。現在大樹、古廟容易挨雷劈，就是這個緣故。

　　不知過了多久，雷公見盤和古兄妹倆走來，忙裝出笑臉說：「儂[13]啊！你看我的皮都曬裂了，口渴得要死，你們拿點水給我喝吧！」盤和古見他很可憐，就回家用葫蘆瓢裝了半瓢水，剛要遞給雷公喝，忽

---

13 儂：毛南語，即小孩。

然轉身說：「雷公公啊，土地爺爺交代過，誰給你喝水就要挨砍手的，我們怕呀！」

「儂啊！如果真這樣，我就不喝了。不過把水倒了多可惜，我都曬得熱死了，你們就噴幾口在我身上，讓我涼一涼吧！給我喝水的人才挨砍手，只噴幾口水，土地爺爺是不砍手的。」

盤和古聽了，覺得有道理，就你一口我一口，輪流把水噴在雷公身上。一得水，雷公頓時渾身有了力氣，掙斷鐵鏈就上了天。才升上幾丈，他又落到盤和古身邊，取下兩顆被土地打鬆了的牙齒交給他們說：「儂，拿這兩顆葫蘆籽回家去種，種出來的葫蘆可是個寶貝，遇到災難，可以進去藏身。」說完就飛上天去了。

土地飲完慶功酒，大睡了三天，醒來時古妹對他說：「爺爺，雷公公回家去了！」說完，手捧著雷公的兩顆牙齒，遞到土地面前：「雷公公還給我們兩顆葫蘆籽，說種下去會長出寶貝來。」土地一看是兩顆雷公的牙齒，曉得大事不妙，吩咐盤、古兄妹趕快拿葫蘆籽去種，自己立刻去叫人們伐木造排，準備躲過災難。

盤、古兄妹種下的葫蘆，一天長三尺，三天長一丈，四天開銀花，五天結了兩個金葫蘆。打敗天兵、捆綁過雷公的人卻不信雷公還敢再來，沒有一個聽土地的話。土地一天一夜跑了一萬里，進了百萬家，都沒有人肯去砍樹紮木排。

不久天變了，大雨下了六十天，消水洞變成了出水洞，出水溝變成了進水溝，消納江河的大海，向江河倒灌鹹水。魚龍蝦鱉進了大街，豬馬牛羊落進了水底。盤、古兄妹想起雷公公的話，砍下一個金葫蘆，裝了很多糯米餈粑進去，藏在裡面。土地爺爺游水過來，也砍

下一個金葫蘆，裝滿了金銀珍寶，也藏在裡面。洪水淹沒了村莊，盤、古兄妹坐的葫蘆不知漂到什麼地方去了。洪水淹過了高山頂，尖尖的岩石碰穿了土地坐的葫蘆，葫蘆進了水便慢慢下沉，土地只好忍痛把金銀珍寶全都丟下水去。所以後來土地變成了窮光棍，沒有大廟住；龍王卻成了大富翁，因為龍宮裡藏有千珍萬寶。洪水把盤、古兄妹坐的葫蘆漂到山尖尖上，岩石刺破了葫蘆底，古妹忙用簑耙補上。盤兄爬出葫蘆口，扯來浮在水面的金竹和白藤，剖成細篾給葫蘆編了一個套子。這個方法一直傳到現在，毛南人裝東西的葫蘆外面，總是用竹篾編個套子來保護。

洪水整整淹了三百六十天才退去。盤和古走出葫蘆，他們在大地上轉呀轉，看到月亮圓了缺、缺了圓，圓圓缺缺三十六次，可是一個人也沒有碰見。一天他們碰到了土地爺爺，土地爺爺的衣服早已破破爛爛，鬍子也垂到肚臍了。土地爺爺見盤哥生得腰圓膀粗，成了一個漂亮的後生哥，古妹長得豐滿動人，成了一個大姑娘，就笑瞇瞇地說：「儂呀，現在天下都沒有人了，你們就結為夫妻吧！」古妹一聽，羞得低下了頭，用力一推，把土地爺爺推進了古樹下的小石洞裡。所以後來毛南人總是把土地神放在古樹下的小石洞裡。

土地爺爺說：「你不信我的話就去問松樹吧，松樹生在高山上，哪裡有人沒人他都望得見。」古妹便戴了一頂雨帽遮羞，爬到高山上去問松樹。松樹搖搖頭、擺擺手說：「世上沒有別的人了，你們成親吧！」古妹羞得滿臉通紅，抓住松樹，把它一片片的葉子撕得像頭髮絲一樣，又用刀邊砍邊咒它：「砍一蔸死絕一蔸！」松樹痛得要命，挨一刀就流一行淚。古妹左砍右砍，震得松果紛紛落下來，打得古妹的雨帽全是密密麻麻的洞眼。所以現在松樹砍一刀就流松脂，砍一

就死一蔸，不再發新枝，葉子也像頭髮一樣變成一條條的；竹篾粽葉編的雨帽，也編成一格一格的。

古妹走到大河邊，碰見一隻大烏龜，問道：「我和盤哥能不能成親？」烏龜曉得古妹怕羞，講「能」會挨打，就說：「你們各在我的面前燒一堆艾吧。如果火煙各不相干，就不能成親；如果火煙相交，你們應該成家。」盤、古兄妹找來兩捆濕艾，各燒一堆，一下子濃煙滾滾直升天上，風吹來，濃煙繞做一團。古妹一看，眼淚也急出來了，雙手搗住臉跑上去，狠命把火堆吹燃，不讓煙打繞，可是煙還是打繞了。所以現在婦女恨透了燒濕草生柴，一見它冒煙，就要把火吹燃。古妹見烏龜慢慢爬走了，恨得追上去拿起石頭就打，打得烏龜殼裂了許多痕，直到現在還是這樣。

古妹還是不肯和盤哥結婚，低頭說：「今天太陽好，我們去玩一會再講吧。」盤哥只好跟著她走了一山又一山，爬上樹去給她摘了好多好吃的野果，到崖邊給她採了很多美麗的山花。古妹吃了甜果瞇瞇笑，拿了香花笑瞇瞇。盤哥唱道：

豆角開花朵朵鮮，
同枝共葉兩相連；
盤、古共根不成對，
芝麻開花臉背臉。

古妹放聲答道：

豆角開花朵朵鮮，
同枝共葉兩枝椏；
同枝共葉各結子，
豆子同根不共家。

　　這時，天上飛來了一對斑鳩，斑鳩落在大樹上咕咕咕叫得好歡樂。盤哥心裡一動，又唱道：

山上斑鳩叫咕咕，
一唱一答緊相連；
一窩生來配成對，
不管東來不管西。

　　古妹沒有歌答了，又走上山來，見有一盤石磨，說：「我們各滾半邊石磨，如果滾到山下合了起來，我們就合起來。」說完一推，半邊石磨便骨碌碌滾下山腳，「嘭」的一聲跌進河裡去了。盤哥一推另半邊石磨，它也骨碌碌往下滾去，「嘭」的一聲落到水裡了。盤哥下了山，連忙脫了衣服跳到河裡去撈，古妹站在岸邊看。盤哥撈了很久，石磨的蹤影也找不著，只摸著一隻很大的蚌。烏龜游過來，叫盤哥把這只大蚌搬上岸給古妹看。那時天色已晚，古妹看不清楚，只見盤哥費了很大的勁，左翻右滾也分不開它，以為是石磨合在一起了，只好答應和盤哥結婚，但又提出不拜天地，同房不同床，不給天地知道。所以後來毛南人結婚，新房裡要鋪兩張床。

第二天，古妹到河邊去挑水，看見水裡有一隻大得像石磨一樣的蚌，曉得盤哥左翻右滾叫她看的不是石磨，氣得她把大蚌丟上河灘，撬開蚌殼讓日頭去曬。現在河灘上常有一些半邊的蚌殼，傳說就是古妹撬開的呢！

盤和古結婚三年，還沒有生娃仔，就用泥捏成人仔，叫烏鴉銜去丟。盤和古捏泥人，捏了七七四十九天，烏鴉銜泥人，卻整整銜了十九年。從此，不論是峒場和村莊、山上和河邊，都有了人煙。用黃泥、白泥、紅泥和各種各樣泥土捏成的人仔，就成了三百六十行各種各樣的人，一代一代傳到現在。

講述者：覃啟仁

翻譯整理者：譚金田　蔣志雨

〔附記〕

毛南族關於洪水氾濫、兄妹結婚的傳說，有不同的說法。有的說盤哥和古妹是兩個神，有的說兩兄妹是伏羲和女媧，有的說盤即伏羲、古即女媧；有的說兄妹生下肉團，分割擲於四方而成人類，有的說兄妹以泥造人。本文依據四份材料整理而成，以八十六歲老人覃啟仁所述為主。

天皇到盤、古[14]

漢王死後到天皇[15]，他又造就他的這一代子孫。他總結了前輩神祖的經驗，曉得沒有陽光人類就會毀滅。於是一次就造出十二個太陽，不分白天黑夜地向地面照射，曬得地上直冒火煙，連石頭也熔化成漿，留下了那麼多奇奇怪怪的岩洞；河水海水都滾沸了，直到現在還有一些溫泉；大森林裡的頑石也噼啪噼啪地爆裂炸開，直到現在山上偶爾還有石頭滾下來。……那時，地球就像一團熊熊的烈火。牛羊不能放牧，五穀不能栽種，人們都躲到深深的洞裡去，他們在地洞裡哭喊連天：

哪個能喊來雷公，哪個能殺死太陽，
我們願敬奉你最好的田峒，我們願分給你最肥的田塊！
黃牛水牛任你挑，好犁好耙任你選，
牛繩牛軛我們給，哪家好的哪家捐！
……

他們唱歌聲音很大，衝出地層，響徹雲霄。那時，不曉得哪一個地方有一個人叫格[16]，他本來沒有田地，沒有耕牛，聽到他們這樣許願，覺得蠻好，就來跟他們商議。格說：「如果你們真的願意這樣，

---

14 本故事流傳於廣西環江毛南族自治縣上、中、下南。本文選自《回、彝、水、仡佬、毛南、京六族故事選》，廣西人民出版社，1988年版，本書有刪節。

15 天皇：毛南語音譯，毛南族神名。

16 格：毛南語音譯，毛南族神名。

就讓我試著拿弓箭去射射吧。射不落我不要你們的田，射落了你們可不得反悔啵！」

大家都挖出心裡的話來說：「格呀，哪個還說謊話，太陽把我們熬煎得夠苦夠辣了，誰要是哄騙你，電不扯雷公也劈！」

雙方商定後，格就當著大家的面，拉滿他的強弓，向高空「嗖」地射了第一箭，這一箭就射落了七個太陽。接著又射第二箭，這箭又射落了四個。一下子，天下比原來涼爽得多了，也昏暗得多了。這一來，人們卻慌了手腳，他們想：如果再射落那一個，恐怕又轉回到原來黑黑的天，那還成什麼人間世界！大家便急急忙忙地擁到格的面前，一齊扯著嗓子喊：「留下這個曬穀子，留下這個暖人間！」

格聽了也覺得有道理，便退弓卸箭。從那以後，天上就剩下一個太陽，分出了白天和黑夜，夜間才現出星星和月亮。

自從分出日暖夜涼，地上的生物就蓬勃生長起來。那時已到四月天，山上的布穀鳥催著農家早種田，於是人們都搶著去種最好的田，留給格的地塊都長滿高高的野草。家家都牽著自己的牛去耕田，沒有一個願讓給格。格生氣了，破著嗓子罵個不休：「你們喪盡良心！你們實在刻薄！……」

人們都埋頭耙自己的田，沒有一個理睬他，好像原先沒有跟他許過什麼願似的。盤和古人小家窮，他們沒有耕牛也沒有田地，只有一條瘦狗，他們感謝格射太陽的大恩，就把僅有的那條瘦狗送給他。

格沒有牛種不了田，他就下北方去買牛，上南方去買馬。他到北方買不到牛，到南方也買不到馬。在南方賣牛馬的地方，有幾顆葫蘆籽掉在地下，他小心地撿起來，拿回園裡種。播下種子整整一年了，

大都霉爛了，只有一棵嫩芽長出來。這已經到了第二年四月，人家都挑糞去壅田，他卻挑糞去壅葫蘆苗。那葫蘆苗得了肥料，就長得出奇的快，葉子一片比一片大，藤子一節比一節長。最小的第一片葉子就有葵扇那麼寬，第一節結的葫蘆瓜就有碗口那樣大，第二節結的葫蘆瓜像草凳[17]那樣粗，最後一個比穀倉還要大。八月秋收季節到了，人家下田割穀子，格就去園裡收他的大葫蘆瓜；人家翻曬穀子，他在家裡挖他的大葫蘆，一直挖了八個月，才把大葫蘆籽渣掏空。

到了第二年四月，人家牽牛去耙田，格忍著一肚子的氣，牽著那條瘦狗去犁田。他剛把牛軛套在狗的脖頸上，那條狗的眼淚就撲簌簌地落下來了。它仰頭望天汪汪叫，天上立即閃電又打雷；它低頭朝地汪汪叫，地上立即冒出一團團黑雲，一下子天地之間就充滿了烏雲，把太陽全遮住了。

四月初八的那天，突然颳起龍捲風，接著傾盆大雨就刷刷地下個不停，雨裡夾雜的冰雹像罈子那樣大，把世上所有的房子都砸爛了。暴雨連續下了三個月，大地上到處都是摻著黃泥的洪水，把所有的山都淹沒了。最高的八仙山只露出葵扇那麼大一塊，最大的鳳凰山只剩得被面那麼大一片，所有的鳥兒都往那裡飛逃。幸好盤和古在鳳凰山上打柴，才有那麼一塊立足之地。水還繼續上升，眼看就要泡到他們的腳跟，兩個哭哭啼啼抱做一團，不曉得哪樣才得逃命。正在這個千鈞一髮的時刻，忽然漂來一個通開大口的大葫蘆，他們就手牽著手鑽到裡面去躲。從此，他們相依為命，躲在葫蘆裡日日夜夜在水上漂泊。

---

17 草凳：毛南族常用稻草編成凳，直徑八寸至一尺，厚六寸至八寸，坐著十分鬆軟。

後來，天空慢慢放晴，洪水連續消了三個月才退回原位。這場大水災把世上的人都淹死了，就剩下他們兩個。

盤和古是同胞兄妹，古是親哥，盤是親妹。那時世上就剩下他們兩兄妹，為了繁衍後代，天神叫萬歲娘娘[18]做媒人，要他們兩兄妹結為夫妻。但他們只有兄妹之情，兄妹結為夫妻，盤妹哪裡肯答應！他們一起到村頭問喜鵲，喜鵲吱喳地說：「現在世上只剩你們兩個了，你們應該結為夫妻。」盤妹聽了撇著小嘴在賭氣。他們一起上山去問古松，古松早已摸透盤妹的脾氣，它想：我要用軟繩子慢慢把這匹馬套住。於是它這樣對盤妹說：

「山上有三百六十個洞，隨你到哪個洞裡隱匿，到時我叫古哥用手去指，指對了你們就結為夫妻。」

說完，它立即用自己的葉子矇住古的眼睛，叫盤趕快到岩洞裡去躲，盤一撒腿就消失在綠樹蔥蘢的密林裡。盤在山上兜轉了六六三十六個洞，可是，不論她鑽進哪個洞，古用手一指就對了。盤沒奈何，但又不服氣，跑回來對古松說：

「山上的樹你最高，哪個洞不收在你的眼裡，若不是你暗中指點，古哥哪有這個眼力！」

盤妹告別古松，又帶古哥到海邊去問烏龜。烏龜想來想去，想出了一個好點子，它對盤妹說：

「坡頂上有一副好石磨，你們去把它滾下坡，盤妹先滾下半邊，古哥再滾上半邊，若是兩盤合在一起，你們就得結為夫妻。」

---

18 萬歲娘娘：毛南族神名。

盤妹想了很久，認為天下不會有這樣巧合的事，也不好意思拒絕，就當著烏龜的面答應試試看。於是他們一起上到坡頂，把那副合好的石磨掰開來，按照烏龜的囑咐，盤妹先把底盤滾下來，最後底盤背朝黃土面朝天，落在坡底的一個凹坑裡。接著古哥又把上盤滾下來，上盤時而懸空，時而著地，飛到坡底的時候，從底盤上面飛掠而過。這時，盤妹才慢慢地鬆了一口氣，古哥卻在她的身邊嘆息。不料，上盤飛過前面不遠，碰上了一堆泥垛，只見它打轉回頭，繞著底盤兜了幾個圈，最後面朝黃土背朝天，終於在底盤上面倒下。

盤和古一起下到坡底去看，只見那副石磨又好好地合攏在一起。古哥激動地呼喚一聲：「阿妹！」盤妹不應聲也不多說，一下子羞得紅了臉。……

盤和古結婚後三年半才生第一個仔，這個仔是個磨石仔。他們看見這個怪娃仔，氣得拿起刀來就劈，一共砍成三百六十片，然後給烏鴉銜去四周山上到處亂撒。幾天以後，兩夫婦沿路去看，只見村村冒炊煙、寨寨有新人。原來磨石仔的那些碎片都變成了人。它的腰身變成壯人，肝臟變成瑤人，頸脖變成毛南人，個個都帶著笑臉迎接爸爸媽媽。

〔附記〕

洪水氾濫、兄妹結婚、格射太陽等故事，在毛南山鄉有多種傳說版本。如《盤古的傳說》中說盤是兄、古是妹，大葫蘆是他們兩兄妹種出來的；又說盤、古婚後不生娃仔，他們把泥巴捏成泥人。……《格射日月》中說，格射太陽是在禹皇治水九十九年以後發生的

事。……這個說唱本幾乎概括了以上所有的傳說，但人物與情節很不相同。這個說唱本中，盤是妹，古是兄，婚後生了一個磨石仔；又說格射太陽是在我們當今人類社會好多好多代以前。這個說唱本說：「開闢我們人類的天地，不光是盤、古兄妹，還有他們的好幾代神祖神孫。」這個開頭，把它和其他傳說本的不同之處一目了然地點出來了。

説唱者：蒙貴章
紀錄翻譯者：蒙國榮　韋志華　譚貽生
整理者：蒙國榮
紀錄時間：1984年7月
紀錄地點：廣西環江縣下南鄉上納屯

盤和古[19]

　　盤和古本是兩兄妹，他倆種葫蘆，天天澆水放肥，葫蘆結得像禾倉一樣大，後來地上漲大水，盤和古就進到葫蘆裡，浮在水上。水退後，世界上只剩他們兩個。如何再造人和世界呢？兄妹商量，都認為不好成婚，後來約定，兩人各扛一邊石磨到山頂上，各自把石磨從山頂滾下來，如滾下的石磨上下合在一起，就證明有姻緣。說也奇怪，石磨滾到山下，當真合在一起。於是兄妹成婚，生了一個包衣小孩。他倆把小孩剁成碎塊，讓烏鴉、老鷹啄去撒在四方，三天以後，到處都有人了。

---

19 本文選自谷德明編《中國少數民族神話選》，西北民族學院研究所，1983年。

天體神話

格射日月[20]

相傳還在很古的時候，大禹皇帝帶領百姓降水妖，疏河開渠，把害人的漫天洪水引到東海去了。被洪水淹沒的山川原野，又露出地面，漸漸恢復了生機。桑園稻田，桃紅柳綠，車馬舟船，一個一個的鄉鎮和村寨又出現在大地上，人間好一派風光。

可是大禹皇帝只顧治水，沒顧得根除禍根，讓二九一十八條水妖——九條烏龍、九頭白熊逃上天庭，無影無蹤了。

禹皇身後九十九年，九條烏龍精飛出天庭，躥出雲層，像日頭一樣，噴著烈火。這樣天上就有了十個日頭，暴曬著人間。空氣變得火辣辣的，田裡的水被曬得滾乎乎的，不久就被曬乾了，江河湖海也被曬得直冒白煙。眾人忍受不了十個日頭暴曬的苦楚，紛紛逃進深深的岩洞裡躲避。糧食不多了，就半夜出來挖蕨根打蕨粑度日。後來有人又想了個巧法子：上午躲在高山西邊陰涼處開荒，下午躲到高山東邊陰涼處耕作。這個法子一代傳一代，一直保留到今天。九條妖龍雖然把人害苦了，但弄不絕人煙，又請來九頭妖熊幫忙。九頭妖熊原來是九個冰精，渾身冰冷。它們合夥逞兇，這一下把人整得更苦了。那冰精常常在晚上跟著月亮一起出山，那時天邊就像掛了十面大鏡子，寒氣逼人。白熊冰精在天上打個抖，抖落的絨毛落在地上，就是一場封山沒路的災雪，地凍三尺，滴水成冰。眾人披麻著棉，抵不了天寒地凍的折磨，就用百犬皮做成皮衣禦寒。妖熊見凍得死禾苗凍不死人，又打了一個噴嚏，飛出的唾沫落到地上，就是一場傷人毀物的大冰

---

20 本故事流傳於廣西環江縣。

雹，把人擋風擋雨、躲寒避暑的房屋瓦片全砸碎了。在外耕作的人也被砸死了大半。不久，眾人又想了個法子，上山割來茅草，撬來薄青石片蓋在房子上，出門耕作又戴上一頂用細竹篾編成的帽子，擋風擋雨，又擋毒日曬，又防冰雹。糧食沒有收成了，就靠打獵、採野菜野果維持生活。

有一年，巴英山下來了遊山打獵的父子二人。獵人父子力大無窮，他們用的弓，別人扛也扛不起。大家十分敬佩他們，拿出最好的東西招待他們。大家見老獵人稱兒子為格，就按本地風俗，親熱地稱老獵人為爹格。爹格和格感激大家的熱情，頭一天就上山打來一百頭野豬、一百隻老虎、一百隻狐狸作報答。

爹格和格神箭的威名傳到四方，方圓百里的百姓，扶老攜幼登門來請他們射掉日月。

爹格和格爽快地答應了。他們準備了三個月又九天，用二十蔸大楠竹做成二十支巴箭，箭頭上塗了射虎殺熊的見血封喉藥，帶著二十個比牛牯還硬朗的後生哥，背了乾糧和清水，爬上了九千九百九十九丈高的巴英山頂。高山頂上沒有草木，十個日頭像十團火，曬得他們先是渾身冒汗，後來遍體起了水泡，大家乾渴無比，疼痛難熬。爹格咬緊牙關，對準了毒日連射十箭。那十支神箭，看著看著要飛近日頭了，妖龍嚇得膽顫心驚，急忙往高處飛去，這十支神箭漸漸失去力量，後來便落回地面。轟隆巨響就像打了十個旱天雷。格聽到神箭落地響聲，急得跳上前去接過老獵人手中的弓箭準備再射。不料老獵人說了聲「沒用」，就倒了下去。原來他盯住了日頭放箭時，雙眼被燒瞎了。沒奈何，格和眾弟兄只好扶爹格下山。

射不下日月不甘休，格立下了鐵志，告別了鄉親和父親，出門去

求師學藝，他一定要造出能射日月的神箭。

　　格走訪了三年。三年間經歷了千辛萬苦，拜了上千個獵手和匠師，但沒有一個人能幫他造出那樣的神箭。格不甘心，他下了決心，再訪三十年也要學會造神箭。於是他走遍了千山百川，到處求師，但到鬍子也花白了，還是兩手空空。一次，他幾天幾夜沒找到村寨，走得又累又餓，倒在一棵古松下睡著了。漸漸地覺得有件東西壓在身上。他驚醒過來一看，原來是一個又臭又髒的老頭子，餓倒在他身上。髒老頭見他醒來了，就有氣無力地說：「孩子啊！你睡得真香，我快渴死了，等你醒來已經半天了，快去找碗水來給我喝吧！」說罷，塞給格一隻髒碗。

　　格看著髒老頭，暗想，我父親也會這樣叫別的兄弟要水喝的。於是接過髒碗，不顧飢腸咕嚕，勞累難忍，就找水去了。找到以後，髒老頭像三年沒見過水一樣，喝了一碗又一碗，格跑了一趟又一趟，一共給他捧來九十九碗水。髒老頭接過第九十九碗水，喝了一口才說道：「孩子呀，你給我捧來了九十九碗水，你自己卻沒先喝半口，想來你也渴了，剩下這半碗水你就喝了吧！」格剛喝下了水，老頭又說：「這大林子裡有很多鼺，你去射一隻烤給我吃吧。」

　　格聽了髒老頭的話，又暗想：「對呀，我父親要是餓了，也一定會這樣叫人要東西吃的。」於是顧不得飢腸咕咕，又累又渴，拿起弓箭就往林裡走。鼺可是個精靈乖巧的野物，格追了大半天，好容易才射到了一隻。但髒老頭不接鼺吃，伸手抽出格一支沒羽的光身箭桿，哈哈大笑著說：「好孩子啊，你該明白了吧！鼺沒有可以搧動的翅膀，靠張開四肢間的肉膜子，上騰雖不及一丈，下跳卻可以飛翔千尺！」笑罷，還沒等格弄清怎麼回事，他把沒羽光身箭桿往格懷裡一

推，轉身就往林子深處走去了，格怎麼也追不上。

　　格慢慢醒悟過來，收拾東西就往家裡趕路。不知哪裡來的力氣，他邁的雙腿會生風，山山水水在他眼前一飛而過，只一天工夫就回到巴英山下。那時爹格早死了，格強忍著悲痛，和眾弟兄造出了一種帶羽的神箭，連夜攀上了九千九百九十九丈高的巴英山頂。

　　九條烏龍像往日一樣，依次躍出海面，噴著紅紅的火焰正要逞兇，這時「嗖」的一聲，一支神箭居高臨下向妖龍飛來，「轟」的一聲，一條妖龍帶著火團掉進海裡，海水被燒得直冒熱氣。接著，「嗖嗖嗖」，一支支神箭風馳電掣飛去，「轟轟轟」，其餘八條妖龍，也帶著八團大火落入海裡，海水被燒得像一鍋熱粥，蒸氣飛騰，白茫茫一片。只有一個真日頭趁格看不見，藉著飄飛的霧氣逃上天頂。熱氣騰騰的霧氣飛到大陸上，化作一場傾盆大雨。

　　這時，九隻妖熊不知死活也出來逞兇，想把格凍死在山頂上。哪料剛近巴英山，「嗖嗖嗖」，一陣神箭飛來，統統把它們射落進海裡，九隻妖熊原是九隻冰精，滾粥一樣的海水頓時被弄得冰冷了。剩下一個真月亮，剛露半邊臉也怕挨射，嚇得躲了起來。直到今天，月亮總改不了老習慣，還是躲躲藏藏，不是夜夜出來給百姓照明。

　　格見只剩一個日頭了，就留下它給百姓驅寒逐暗，沒有再射。但他擔心掉進海裡的妖怪沒有全死，有朝一日還會出來行兇造孽，就一直守衛在高高的山上了。誰要是不畏艱險，登上高高的巴英山頂，一定還能見到格這位可敬的英雄哩！

講述者：譚履宜

整理者：譚金田　蔣志雨

紀錄時間：1963年、1980年

紀錄地點：廣西環江縣下南鄉下南、波川

昆屯開天蓋[21]

原來，地上是沒有人類的。那個時候，地上有很多根天柱，把天蓋高高地撐起來，是昆屯第一個把這個天蓋揭開。昆屯的本事很大，一來到地上，就把所有的頂天柱全都搖倒，從那以後，天和地才遠遠地隔開。他又把地上的石頭捏成山，把泥巴攏成嶺和坡，把漫鋪地面的水集成海和河。

原先，人們都住在地殼的石層底下，日日夜夜都睡在岩洞裡，沒有水喝，也沒有飯吃。後來昆屯剝開了石層，人才爬到地上來，才得透口氣。他們剛剛爬上地面的時候，因為還沒有五穀，只好摸爬著去找樹葉和樹根來吃。那時還沒有男女配成夫妻，沒有生兒育女，沒有房子住，沒有路可走，周圍都是雲霧茫茫，他們成天唉聲嘆氣：

　　看不見月亮，看不見太陽，
　　沒有一件衣，沒有一顆糧。
　　到處是烏雲，黑洞洞一團，
　　辨不出哪裡是地，分不清哪裡是天。
　　……

---

21 本故事流傳於廣西環江毛南族自治縣上、中、下南。

這樣的自然環境哪裡能活得下去，所以，沒有多久這一代神祖就幾乎死光了。

說唱者：蒙貴章

紀錄翻譯者：蒙國榮　韋志華　譚貽生

整理者：蒙國榮

紀錄時間：1984年7月

紀錄地點：廣西環江縣下南鄉上納屯

英雄神話

三界公的故事[22]

一

　　古時候有個人，名叫三界，從小家裡很窮，九歲失去雙親，無依無靠，只好去幫人放牛。他很喜歡牛，視牛如寶，愛牛如子，牛也很聽他的話。三界每天把牛趕到峒場裡，用牛鞭畫好一個牛群活動範圍圈，逕自上山去砍柴，牛群不會跑出他畫的地區之外。一天，他趕著牛群到百草峒，峒裡百草茂盛，牛群吃得很歡。他照常畫好牧區就上山去砍柴。他一個勁地往山頂爬，爬到一個通天峒的峒口，見峒裡銀光閃耀，進去一看，有八個仙人在雙雙下棋，正下得入迷，三界坐在旁邊觀戰，忘了砍柴的事。直到日落西山，仙人們對弈結束，分吃仙桃作晚餐，才發現三界。仙人分仙桃給他吃，封他為九仙，邀他一起回仙山。一路上，三界很惦記牛群。眾仙見他凡念未消，要他重返人間。三界回到百草峒，牛群大變樣，數不清有多少頭了，頭頭長得肥圓圓的。三界見了大喜，心想莫非仙人來過這裡，水草不尋常？他仔細觀察，見牛三五一夥爭吃莎樹葉，搶吃竹葉草。這兩樣，別處很少見到，唯獨百草峒長得又多又好，由此明白了牛群繁殖快、長得肥的原因。他把百草峒的牛群趕回村，除如數還給原來的主人外，還剩大幫的牛。自己只留幾頭，其餘的都分給村裡無牛的窮人。三界又從百草峒採回莎樹種和竹葉草，撒遍毛南山鄉。從此毛南地區，峒峒變成好牛場，不幾年，菜牛成群成幫，遍及各個山寨。後來，為了防備虎

---

22 本故事選自《中國少數民族文學》，湖南人民出版社，1983年版。本文由陳平根據《中國各民族宗教與神話大詞典》（學苑出版社，1990年版）改寫。

狼，他用木石砌起牛欄，改為槽養。經過七八個月精心槽養，老牛變嫩，瘦牛變肥，毛色閃光，肉味也比以前更鮮美。三界槽養方法很快傳開，毛南山鄉從此成了「菜牛之鄉」。毛南人為了紀念三界的功勞，尊他為「三界公爺」。每年廟節，各村各寨都殺菜牛來祭三界公爺。有首山歌唱道：「廟節五色糯飯擺中堂，鮮嫩牛肉炒生薑；菜牛肉呀九里香，三界公爺的功勞永不忘。」

二

有一天，三界去趕上南八圩，看見路邊有具死屍，死者被打斷肋骨，三界用五倍木為肋骨替他換上，死者復活，可他復活後卻誣賴三界偷他的貨擔而殺害他，告狀到包公那裡，判案難決時，三界抽去其五倍木肋骨，商販復倒地而亡。

三

雷王到人間抓小孩吃，被三界抓住，關在牛欄裡，在他頭上套了一個銅圈，勒得他齜牙暴睛，從此雷王不敢再吃小孩。

格[23]

據說大禹治水時，九條烏龍和九隻白熊逃到天庭。九烏龍和太陽同時出來成了十個日頭，九白熊和月亮同時出來成了十個月亮。十個

---

23 本文選自《中國各民族宗教與神話大詞典》，學苑出版社，1990年版。選定者：陳平。

太陽曬得地面滾燙，海裡冒煙，人們忍受不了。有一年，「格」和他父親遊獵到毛南山鄉的巴音山下，一天就打得一百頭野豬、一百隻老虎、一百隻狐狸。人們欽佩其箭法高超和力大無窮，拿出最好的東西來設宴招待他們，請求射掉日月。「格」和他的父親應求，一齊登小巴音山頂。先是父親射箭，射了十箭，沒有把太陽射落，反被強光射瞎了眼睛，於是「格」外出走訪三年，拜師學藝，又回到巴音山頂，終於把九烏龍射落海裡，從此天上只剩下一個真太陽。九白熊逞凶，想把「格」凍死在山上，它們剛剛露頭，「格」一陣神箭射去，又把九白熊射落海裡，從此天上只剩下一個真月亮。

蒐集整理者：蒙國榮

九官[24]

傳說九官是今廣西環江毛南族自治縣下南鄉堂八村人。父母均砍柴跌下山崖而死，所以他從小就立志趕山，改變家鄉山多水少的面貌。他曾到崑崙山從師修練，學會很多法術。回來後想做三件大事：趕山造平原，削山建宮殿，牽龍造大海。他用趕山鞭趕山，指山山變成水牛，聽他使喚。他把一群山趕過儀鳳坳，歇下吸菸，山還繼續走，他的情人靈娘從水源圩回來，他問她道：「你見我的牛群走到哪裡了？」靈娘說：「什麼牛群，我只見路邊有一堆石頭。」於是漏了寶，山不會走了。因此，毛南山鄉只有下南、波川、儀鳳、中南、堂

---

24 本文選自《中國各民族宗教與神話大詞典》，學苑出版社，1990年版。選定者：陳平。

八一帶的部分山被趕走，成了一些山間小平原，能種稻，其餘地方還是山連著山，只能種旱地作物。趕山不成，他又造海，修宮殿，都因靈娘干擾而未成，只留下大、小環江兩條江和堂八村石匠的石雕工藝。

整理者：蒙國榮

社王[25]

社王父親早死，有一天，他母親趕圩回到半路，突然感到肚裡懷了孕。社王剛生下來，嘴上就有三撇鬍子，爺爺奶奶說他是妖怪，外公外婆也說養不成人。母親把他丟在路邊，牛羊給他餵奶；把他丟在森林裡，老虎給他餵奶；丟在水塘裡，水牛喝水把他吞下肚裡。牛跑到山上，山主殺牛破肚見有一人仔，額上有「王」字痣，不敢殺害，丟於山上，鳳凰展翅給他墊著睡。天上玉皇得知，收到天宮撫養，長大後封為社王，派到毛南山鄉保護村寨。「還願」法事請他入筵，請他做中間人，向主人家證明諸神已領到祭品，向諸神證明主人家已還了願，請了債，從此，兩邊無債無欠，大家平平安安過日子。

社王到人間後，叫三元幫他擇吉蓋房子，三元擇來擇去，一年三百六十天，天天都有一點不吉利之處，沒有個完好的日子，因此，社王的房子遲遲蓋不成，只好住在村頭的大石頭下面。他來到毛南山鄉，一不吃民間的灶頭飯，二不進人間煙火房，在六圩街買了一頂草

---

25 本文選自《中國各民族宗教與神話大詞典》，學苑出版社，1990年版。選定者：陳平。

帽戴在頭上，就四處奔波，為民斬妖除邪。毛南山鄉三百六十個村寨，他每天都要查看一遍，哪裡有人遭災他就搭救，到哪個地方天黑了，就在那個村寨頭的大石頭下面過夜。後來每個村寨便在村頭樹下大石板上砌起社王廟，廟裡塑一個戴草帽的石人，端正坐在正中，即為社王神像。

第三章

侗族

創世神話

創世女神薩天巴[26]

生育大神薩天巴

　　遠古的時候，沒有天，也沒有地，只有在天外住著一隻金斑大蜘蛛，後人都稱她是神殿上最大的祖神婆。因為她生下了天地、生下了眾神、生下了萬物，侗家人又稱她做「薩天巴」，意思是生育千個姑媽的神婆。

　　薩天巴有四隻手，每隻手一掰開就有萬丈長；薩天巴有四隻腳，所以她既能橫著行，也能直著走；薩天巴雖然只有兩隻眼，可是，兩隻眼睛裡卻安上了一千個眼珠，所以，她能放眼看見百萬方。

　　薩天巴要生天、要生地了，她先造了天宮，用白玉在周圍砌成白玉牆，又在四方八面張起了銀絲網。然後，她生下天，那是會產生光陰變化的、上界神靈居住的地方，然後，她又生下地。

　　天為降物之本，
　　地為孵嬰之搖籃；
　　一切由天賜，
　　一切由大地孕育。

---

26 本文由過偉選定並改寫自侗族創世史詩《嘎茫莽道時嘉──遠祖歌》，這部史詩是在南部方言區廣西三江、龍勝一帶發現的，至今還未發表。薩天巴：相傳是蜘蛛，這與德宏神話《蜘蛛治天地》似有某種聯繫。

所以，薩天巴是天地的親娘。她生了天地之後，又生下眾神，把眾神安排住在上蒼。因此，她被後人稱為「千母中之母，千王中之王」。

薩天巴生活在天外的上界，
管理著莽莽上蒼，
薩天巴善良又賢明，
七十二路神靈擁戴她為王。

可是，她住在天外，還不知道天是什麼樣，也不知道地是什麼樣。她在聽，不知為什麼天上沒有音響，不知為什麼作搖籃、孵萬物的大地聽不見歌唱。她只好走出宮殿，到茫茫的天空去觀望。

這一看，她才發現，她生的天和地還沒有分開，她生的天地呀，還混沌在一起，嚴絲合縫，沒有一個孔，也沒有一絲縫。

天地緊黏連，
處處混濛濛。
天地黑又冷，
無熱也無光。

看不見天有邊，看不見地有沿，辨不明方向，不知東西在哪裡，也不知南北在何方；天是什麼形狀，地又是什麼形狀，也看不清爽；天離地有多遠，也不知道。但是，薩天巴確切地知道，天上沒有風、

沒有雲、沒有雷電和雨神，也沒有光、沒有星辰和彩虹、沒有明明晃晃的月亮；地上呢，沒有河流和溪澗，沒有田園、沒有村寨，也沒有魚塘；更沒有湖海和汪洋，沒有平原川谷和山崗。天和地混沌不分，天和地混合成一體，到處都是莽莽的冰川，到處都是白雪茫茫。

冰天蓋雪地，
萬類不能生。
冰天蓋雪地啊，
萬物不能長。

薩天巴有些後悔，她真不知道，她是怎樣生下天的，又是如何生下地的，都說她是天與地的親娘，親娘卻不知道自己孩子的模樣，薩天巴感到慚愧，薩天巴感到寂寞，她第一次感覺到，她自己建造的宮殿，竟如此荒涼。

「該怎麼辦呢？」

薩天巴思了又思，想了又想，她終於下了決心，要改天換地，重新把天地安排。她便敲起天鐘，把眾神召喚到她的身邊，她說：「孩子們，我生的天與地，很不像樣，我決定叫你們去看看，然後商量如何改天換地。」

眾神都是她生的兒女，全都答應跟著媽媽去巡視，薩天巴便領著眾神走出玉宮殿堂。

薩天巴帶領眾神在天外飄遊，
分不清四面八方。
薩天巴帶領眾神在天際巡視，
辨不清宇宙洪荒。

薩天巴要看清，她生的天究竟是什麼形狀，她生的地又是什麼貌相。她把烏雲撥開去，把黑暗撩開去，這才露出了一絲絲光亮，然後，透過千層萬重的冰雪，她詳細地上下看看，又左右瞄瞄，天哪，原來那地呀，是個大大的四方框框，原來那天哪，是一床大大的方帳。原來天和地，都是怪物。

大大的天帳喲，
把地死死地罩住。
厚厚的冰雪啊，
嚴嚴實實凍結在它的身上。

既沒有水，也沒有土和泥沙，怎麼叫萬物盤根？沒有食物食料，又怎麼叫萬物生長？沒有溫暖和光亮，哪裡來生物？沒有生物，又哪裡來歡樂的聲響？

善良的薩天巴，決心重新開天闢地，賢明的薩天巴，又領著眾神回到她的宮廷裡，對眾神說：

「孩子們，聽著，我要給天改個形狀，我要給地換個模樣。方方的天帳不好看，我要把它改成圓頂天篷；方方的地塊也難看，我要把

它改得像有皺褶，圓而能轉動，又有色彩的姑娘們穿的雯[27]一樣。

天上要有風馳雲走，
地上要有河湖海洋。
天上要有日月星辰，
地上要有平原山崗。

「還要把天篷撐上去，要撐到離地面有四十八萬八千里的高處，才好讓萬物萬類，都能在地上、空中好好生長。

「有誰能協助我啊，修出這樣的天，我將任命他為修天的先鋒神將。又有誰能協助我，治出這樣的地，我將任命他為治地的先鋒神王！」

立刻閃出兩個壯士。兩個壯士都氣勢昂揚，一個是身高八丈的大漢，他的名字叫姜夫[28]；另一個是胸寬八尺的壯漢，他的名字叫馬王[29]。

姜夫大喊一聲，那聲音就像敲響的神鐘：「請把修天的重擔，交給姜夫來承擔。把天修成圓篷，難不倒我，我一定要改變天的形狀。」

---

27 雯：即侗族婦女穿的百褶裙，上有各種鮮豔顏色的花紋，姑娘們行走時，裙腳左右擺動，形成圓形，晾曬時撒開平鋪於草地，也形成圓形。傳說，這裙子是天上的仙女所賜。

28 姜夫：也作姜古，侗族神話中造宇宙之神。

29 馬王：侗語音譯，其實即螞蟥。

我能把天和地分開，
讓萬物萬類生長在地上。

馬王也跳到階下，他手舞足蹈，搶著急忙開腔：「我有神鋤和神斧，把地修成圓形，難不倒我馬王！」

我能造出江河湖海，
我能造出川谷山崗。
請把治地的重擔，
放在我馬王的肩上。

薩天巴聽了很高興，當下就給姜夫和馬王授封嘉獎。並且發下修天牌給姜夫，封他為「修天的神將」；又發給馬王治地令，封他做「治地的神王」。

諸位大神齊聲歡呼，
讚揚的話語一浪高過一浪。

姜夫、馬王修天地

姜夫怎麼修天呢？聰明的姜夫看了又看，想了又想，要把天修好，先要把天撐高，先要把天地分開。

姜夫要修天，
先要造天柱，
撐天離地要多遠，
天柱就要造多長。

　　姜夫在天與地之間爬來爬去，他比比天，又比比地，姜夫沿著天
與地之間飛來飛去，他想了又想，天要撐多高？天要分幾層？他比了
又比，算了又算，他算出來了，他想出來了，造天要造四層天，改天
要改為四隔，每一隔都要達到一百八十三萬丈。姜夫不擊召兵鼓，

姜夫不敲聚將鐘，
單身獨個出宮門，
悄悄來到玉山上。

　　姜夫來到玉山上乾什麼？他要用玉來造天柱，玉石無瑕又堅硬。
姜夫選定玉來造天柱，他想得周到，他想得正當。他開始造玉柱，不
緊不慢、不慌不忙，天天做，日日做，每次造出一百八十三萬丈，上
上下下、大大小小都一樣。一連造了十六回，一共造出二千九百二十
八萬丈。他又把每根玉柱分為四段，銜上接下成一根，每根都有四十
八萬八千里路長。

　　天柱做好了，天柱接成了，造成了四根天柱，四根天柱豎在哪裡
呢？

　　「四根天柱豎四方。」

一根豎東邊，
一根豎西向，
一根豎南面，
還有一根豎北方。
東南西北各一根喲，
從此定下四個方向。

　　姜夫豎起了擎天柱，接著又忙扯起天篷，蓋在天的上方，然後把天頂上去，天柱便把天往上頂。

天柱高高把天和地分開，
從此，分出了地下和天上。

　　天和地突然被頂開了，整個宇宙都被猛烈地震動，冰塊雪花頓時漫天飛揚。

天地分開狂風起，
天篷飄搖，天柱又晃蕩。
狂風東颳又西扯，
天篷忽下又忽上。

　　這下，就把眾神也鬧得不安了，他們不知道發生了什麼事，還以為天塌地陷末日到。他們有的急急忙忙去扶天柱，有的又慌慌張張去

扯天篷，鬧得諸神亂紛紛，驚得眾神心慌慌。姜夫嚇壞了，他一時心慌意亂，眼看天篷亂搖不平穩，天柱亂晃難久長。

姜夫立刻化作雨水，從天而降；姜夫急出一身汗，喘著粗氣，又化作一陣雲霧，隨著風飄揚；天啊，還在搖晃，姜夫捶胸噴出一股鮮紅的血，化作彩霞，染紅了天穹；天穹穩不住，天在搖晃，姜夫猛地一跺腳，只聽見「轟隆隆」一陣響，化成霹靂雷鳴；姜夫又氣又急，把手一舞，立刻又化作疾電閃閃亮。

不管姜夫怎麼急，天篷還是不停地飄蕩；不管姜夫怎樣氣，天柱還是不住地搖晃。姜夫這時沒了辦法，不知該怎麼做才好，不知怎麼做，才能使天篷不再飄蕩；不知如何辦，才能使天柱不再搖晃。他只好回到宮廷，去見母親薩天巴，請求薩天巴做主張。

薩天巴披掛出宮門，朝四面看了又看，又登上玉山頂，向八面望了又望。

天篷圓圓像把大花傘，
擎天玉柱晶瑩又發亮。
天地已經被撐開，
騰出空間無限寬廣。

她心裡高興，再看看，天上已經有了風嘯，已經有了雨飄，已經有了雲飛，已經有了霧漫，已經有了「隆隆」的雷響，已經有了霹靂閃電，閃出了火光。

「天上已經有了各種聲音，天上已經有了各種景象。」

薩天巴自言自語，不禁手舞足蹈，忍不住欣喜若狂。她急忙扶起姜夫，高高興興地對他講：

「姜夫啊，姜夫，你不必驚驚惶惶。」

分開天地你建了頭功，
不愧是我修天的神將。
你已盡了自己的全力，
剩下的由我來擔當。

薩天巴的慧眼，一下子就看見一個還沒有出生的神受了驚嚇。原來，天與地正孕育著一個兒子，因為還沒有到出生的時間，所以還沒有成形，只是一股氣體，因為姜夫突然把天父地母分開，他受到強烈的震動，因此亂滾亂翻，亂叫亂吼，呼爹喚娘的。薩天巴十分同情他的遭遇，便准許他先出生，並且封他為管理風的神，又給他取名為「風曼」。天便慢慢平靜了下來。但是，薩天巴還不放心，她又蹬了蹬腳，晃了晃手臂，張開口，吐出玉蛛絲，又把她吐出的玉絲，一掰一掰拋甩向四方。玉珠絲便絞成銀絲線，一層一層地繞在天柱上。

薩天巴拋起玉飛梭，
薩天巴在空中獨來又獨往。
盤盤纏盤盤喲，
層層繞層層哩。
薩天巴很快織起攔天網，

把天篷高高托起在天上。

從此，天篷被穩住了，不再飄蕩；從此，天柱被穩住了，不再搖晃。薩天巴十分高興，眾大神都喜氣洋洋。

這時天宮吹起「薩巴號」[30]，
聚眾鐘鼓隆隆震天響。
輪到馬王去治地，
走到柱頭往下望。

那玉柱造得滑溜溜的，馬王無法溜下地上去治地。薩天巴便吐出玉線當天梯，叫馬王咬住玉線頭，她就把玉線一掰一掰放下去，馬王便落到了地下。

馬王來到雪谷中，
馬王來到冰川上。
耳聽八方風呼呼，
眼看四面黑茫茫。
點起神燈當空照，
冰川雪谷耀寒光。

---

30 薩巴號：侗族祭祀用的樂器，號口有面盆大，號身有一丈多長，一人肩扛一人吹，被譽為「號中之王」。

到處不見一叢土，沒有一處有水塘，只見風雪漫天卷，茫茫的大地啊，真荒涼，是啊，他該趕快把地治，趕快把地的面貌改一改。馬王揮起神鋤，先要破了冰，神鋤落在冰上響叮噹，他挖呀挖、鋤呀鋤，三回就造好了一個湖，六回就造好一個海。可是，造湖湖無水，造海海無浪。他還是造，造了十五日，造了十五次，造出五個湖。二十四回造出四個海，四個大海造在地角旁。

五湖分五處，
四海擺四方。
大湖百掰深，
大海深萬丈。

湖寬要按百里計，海寬要按萬里量。造好了五湖，造好了四海，要把地修圓。可是，地角都硬梆梆，他用鋤頭去刨，堅冰刨不動。然後他又用斧子去劈，卻很難把地角劈動。一連挖了十六回，大地還是四四方方。這下，卻惹得馬王火性起，只見他把腳猛地一頓，捏起拳頭就往胸中猛一捶，大聲叫道：「你是誰？為什麼要阻撓我治地？呔，瞧我的厲害！」

只見馬王運足了全身的氣，又跺腳，又舞手臂，然後張開大口，朝大地猛吹一口熱氣，那大地立刻就猛烈一震，接著就搖晃了起來，四個地角立刻被震裂了，那巨大的冰塊頓時「轟隆隆」響，真是山崩地裂，崩塌得向四面潰落。一股股馬王的熱流推動著大地迅速旋轉，那地角不斷摩擦，很快就磨去了棱角，大地變得圓了，就像拿來裝糧食的大葫蘆。可是，那熱氣不停，而且越吹勢越猛，冰雪不斷融化，

大地便東顛西蕩，還在不斷旋轉，馬王怎麼也穩不住大地，他這才心慌意亂。他一著急，就把整個身子趴在地面上，從此，馬王的子孫的身上，就產生了一種「吸盤」[31]，能經受得起大地的劇烈震盪、旋轉。但是，馬王沒有完成造河流、造山崗的任務，他一方面賭下咒，要他的子孫繼續他的事業，所以，自此以後，螞蟥就分成兩個氏族，一支叫水螞蟥，它們去造河流；另一支叫山螞蟥，造山崗的就是山螞蟥。

這邊呢，正當馬王無計可施，一時不知怎麼辦才好的時候，薩天巴已放下天梯，把他接上了天外的宮殿。馬王見了薩天巴，就慌慌忙忙跪在薩天巴的面前。女王薩天巴急忙將馬王扶了起來，高高興興對他說：馬王你治地立大功，

沒有辜負我的期望。
我知道你的心思，
有什麼話以後慢慢講。
你已盡到你的全力，
劈山選河我自有主張。

說完，薩天巴立刻下令擺設慶功大宴，然後，她率領眾神進入大殿，她獨自登上蛛玉寶座，又把姜夫和馬王叫過去坐在她身旁，七十二路諸神也得到了獎賞。天宮內外，到處都一片喜氣洋洋，到處都在讚揚姜夫和馬王，到處都在慶賀他們修天治地的大功勞。

---

31 吸盤：指螞蟥。相傳它是最早生活在地球上的生物。螞蟥所以有吸盤，就是因為那時大地劇烈地震盪、旋轉，馬王才給他的後代安上的。

薩天巴創造萬物

　　修天的神姜夫，只修成了一半的天，天上還沒有日月，天空還是一片昏昏沉沉，治地之神馬王，治地也只治了一半，地上還是空空蕩蕩，既沒有河流，也沒有山崗，更沒有萬物生長。

　　天空仍然雪紛紛，
　　大地依舊冰莽莽。

　　為了叫天地都變暖，為了叫天和地都有光亮，薩天巴做了個火團，又把火團高高地掛在天上。

　　火團噴熱氣，
　　火團放光芒。
　　冰雪慢慢被融化，
　　天地上下亮堂堂。

　　馬王造的五湖，正造在地中央；馬王造的四海，就造在地腳旁。五湖造得很大，湖面又深又廣；四海造得又寬又廣，那融化的冰水滾滾地流，那融化的雪水也日夜淌，沿著地坡，不斷地流進五湖，五湖的水便一片茫茫；又沿著地腳，不斷地湧進四個大海洋。

　　流啊流啊，天長日久，

天下出現了江河溪澗。
湧啊湧啊，日久天長，
地上出現了川谷山崗。

　　大地有了江河和山崗，萬物可以生長了，萬能的薩天巴便決定要
造植物了。可是，拿什麼去做種子呢？薩天巴從她身上扯把汗毛作植
物種子，她張口輕輕一吹，那汗毛便紛紛飄落下大地，飄落在平原和
山崗上。

萬能的薩天巴啊，
要造動物了。
動物用什麼做神？
薩天巴抓把蟲蛋來做神。

　　她輕輕一抬手，便把蟲蛋往下一撒，蟲蛋便紛紛落下，慢慢飄落
在江河湖海裡。

天長地久啊，
生命慢慢在天下孕育。
地久天長啊，
萬物慢慢在地上生長。

可是，她做的火團，仍然不停地融化大地和冰雪，冰雪融化之後，大地被烤得滾燙。地上的動物熱得逃進水裡去，地上的植物也被烤得一片焦黃。

火團不斷曝曬江河湖海，江河湖海的水也被燒成滾滾的熱浪，水裡的動物紛紛死去。薩天巴見了，十分痛苦，十分哀傷。怎麼辦呢？她必須挽救萬物的生命，必須挽救剛剛造成的大地。薩天巴想呀想呀，她終於想出了一個好辦法。

善良的薩天巴啊，
造個冰團懸掛在天上。
冰團沒有騰騰的烈焰，
冰團沒有灼灼的火光。

火團是在冰團的上方，冰團便被烤得大汗直淌。汗珠就像暴雨似的灑落在五湖四海裡。那沸騰的江河湖海的水便慢慢變冷，冰團的汗珠啊，紛紛飄落到地上，滾燙的大地，才慢慢地變凍。那個冰團，因為不斷受到火團的曝曬，不斷地流汗，便慢慢變了樣，漸漸被融化變小了。賢明的薩天巴啊，又喊火團和冰團一起到她的身旁，對它們說：

火團啊，你聽我說，
冰團啊，你聽我講。
你們輪流去巡天吧，

今後永遠不要相聚在一堂。
你們該去為萬物造福，
你們應該把萬物育養。

火團和冰團聽了很高興，它們齊聲說：「至高無上的恩主啊，是你給了我們力量，我們願遵照你的心願，去做兩員巡天神將！」

火團和冰團輪流去巡天，
從此有了白天和晚上。

火團出巡的時間是白天，只要火團一出現，天上地下便都又溫暖，又光亮，白天便來到了世上；冰團出巡的時間是在晚上，冰團一出現，黑暗的大地便有了光亮，夜晚清爽又安詳。

火團這個名字不好聽，
火團這個名字不響亮。
賢明的薩天巴啊，
給它封個神號叫太陽。

冰團的名字也不好聽，而且按侗家人的觀念，是個不祥之物，所以，賢明的薩天巴，便給它一個神號，叫月亮。

太陽和月亮輪流巡天，
薩天巴又播下萬物的種子。
天下不冷又不熱，
萬物速生又快長。

喜歡水的動物，都到水裡去生活；喜歡陸地的動物呢，都到地上去生長。

陸地日暖夜涼，草木容易繁茂，容易興旺，所以，陸地處處的景色都好，日日都有各種顏色的花開放，江河湖海裡雖然有藻類和水草，都比不過陸地上的森林和草場。天長地久，能走的都到地上來生活，能爬的動物，都爬到地上來養兒養女。這一來，地上的動物，就越來越多。動物一多，便都爭住的地方、搶填飽肚子的食糧。那時，大地上的生活越來越困難，大地上的生物日子過得越來越貧乏，有的互相殘殺，有的自己吞食自己的子孫。

母親餓了啊，
常把自己的子女吃掉。
子女餓了呀，
也常吃掉自己的親娘。

為了自身的生存，有的學會了捕捉食物的本領，有的則學會了保護自己的偽裝；有的磨牙當劍，有的磨角當槍；有的練腿奔跑，有的練翅飛翔；有的用石搭窩，有的用泥造房；有的躲進地下穴居，有的

築巢到樹上。

　　本事小的動物，
　　到處遭受欺侮。
　　本事大的動物，
　　到處稱霸稱王。

薩天巴造人失敗

　　天造成了，地造成了，天上有了眾神，地下也有了萬物。可是，也還亂糟糟的，地上還沒有人，也還沒有人去管理，因為動物是不能領悟神的旨意和願望的。

　　薩天巴決定造人，但是怎麼造，用什麼來造人？她傳令把天鐘、天鼓敲響，她要召集眾神來商量。

　　鐘鼓陣陣震天庭，
　　鐘鼓隆隆驚四方。
　　大神小神雲集到玉殿，
　　薩天巴傾吐衷腸。

　　她說：「我原先播下植物的種子，又育化了各種動物，本是想讓它們各自生息，互不干擾，本是想讓它們共生共養，成為一個和平共

處的世界。哪料想，所有的生物都不遵照我的旨意，不按我的話去做，為了爭一點東西吃，為了爭一塊住的地方，竟一個個都喪盡了天良，不光任意吞吃植物，還互相殘殺，你吃我，我食你，弄得到處都不得安寧。」她又說：

現在我要造人，
賜予他們靈魂和思想。
我要讓人去治理世間萬物，
賜予他們智慧和力量。

一聽見薩天巴要造人，眾神都十分高興，不過，誰也沒有見過人的模樣，誰也不知道要用什麼去造。所以，當薩天巴問諸神時，眾神都面面相覷，沒法答腔。這時，只見那個沒有成形的風雨之神「風曼」跑過來，跪在薩天巴的腳下奏道：

「萬能的薩天巴啊，聖明的祖神王，我們神族無一相同，長的貌相各有各的模樣，就請按你的想法去造人吧，不必同我們小輩商量。」

薩天巴見諸神都沒主見，就讓眾神各自回自己的殿堂。薩天巴只好自己動手做人。她先用白泥捏出了人像。她捏出的人像頭頂上長了三隻角，三隻角彎彎的、長又長，額頭上安了三隻眼，三隻眼又圓又亮；下身捏出四隻腳，四隻腳亂踢亂蹬；上身捏出四隻手，四隻手亂舞又亂晃。

薩天巴用白泥捏的人，捏來捏去都沒個人的模樣，她想頭又想

尾，一時都沒了主張。沒辦法，便離開玉殿到外面去游訪。她想尋找一個人的模樣。

薩天巴巡視到東方的山頂上時，忽然一陣風吹過來，那風中似乎挾著一陣朗朗的笑聲。是哪裡來的笑聲？她再聽聽，那笑聲又沒有了，她倒有些疑心是不是她的耳朵發了岔，正猶疑間，又傳來一陣笑聲，而且那是一陣充滿了歡樂的笑聲。她斷定，這山下果然有什麼生物了。她忙往下一看，只見四個薩貌[32]在山崗上嬉戲玩耍，薩天巴不由得心裡湧起一陣高興。這薩貌的貌相不是很好看嗎？接著，她又看見一個奇特的現象。

只見那善良的薩貌用她們的歌聲，召喚來四面八方的野獸，這些野獸聽見歌聲，全都高高興興跳起舞來，都快快活活放聲唱起歌來。

薩天巴看見這種歡樂的情景，臉上便漾起一陣陣歡笑，這薩貌還是萬獸的管理者哩。她忽地把兩手伸開一抖，竟變成一隻蒼鷹，在空中翱翔了一圈，便從高空中搖搖擺擺，就像是受了傷一般往下飄降。

蒼鷹落到坡地上，果然是受傷了。它無力地搧動著受傷的翅膀，還在坡地上滾來滾去，羽毛被抖落了，還在地面上紛紛揚揚，她顯然是要試一試薩貌的心腸。那四個薩貌看見蒼鷹的不幸，立刻就停止了歌唱，眼睛裡竟滾動著同情的淚光。然後圍過來，一面用好言好語安慰蒼鷹，一面忙著給蒼鷹治傷。

---

32 薩貌：當指一種動物。貌，是中國古代的民族之一，也作猿貌、葷粥、葷允等。《史記》說，黃帝北逐葷粥，殷周之際，主要分布在今陝西、甘肅之北及今內蒙古西部一帶，從事游牧。春秋時稱作戎、狄，秦時曰匈奴。史詩原注曰：「薩猊：侗語音譯，即猿婆，亦稱薩妹。」

四個薩貌把蒼鷹抬進草窩裡，
又請飛禽走獸來幫忙。
她們搬來各種鮮美的野果子，
層層疊疊在草窩旁。

薩天巴裝做顫顫巍巍，傷勢嚴重，又好像心裡非常害怕和憂傷的
樣子；薩貌不住地安慰她，用手輕輕撫摸蒼鷹受傷的翅膀，溫柔地低
聲吟唱：

可憐的蒼鷹啊，
不必害怕和憂傷。
在這裡你會得到照料，
請安下心來好好養傷。

一個薩貌說完，另一個薩貌又接著講：

這裡沒有凶狠的虎豹，
這裡沒有奸詐的豺狼。
我們會給你唱歌跳舞，
你會像躺在自己的巢裡一樣。

說完，四個薩貌便帶領著飛禽走獸，圍著蒼鷹，晃頭蹻腳地跳起
舞來，有的則晃動著耳朵，扇起翅膀唱起歌。

薩天巴瞇著眼，仔仔細細地看著薩貌的手和腳，觀察著她們的每一個動作；她又再次上上下下地打量著薩貌的體型和貌相，看著看著，她那陰鬱的心情，頓時豁然開朗，心裡暗暗稱許：

要選治理天下的人啊，
薩貌倒是好模樣。

薩天巴拿定了主意，便決心把孵化人類的重擔交給薩貌去承擔。接著，她從身上扯下四顆肉痣（侗家人叫「倍」的東西），輕輕排放在地上，對薩貌說：

心地善良的薩貌啊，
多謝你們為我治好了創傷。
我要給你們一樣珍貴的禮物，
作為答謝的報償。

說完，薩天巴便走出草窩，抬起頭，朝高空遙望。只見天空裡架起長長的彩虹，夕陽把雲層照得通紅透亮。她的臉上帶著滿足的笑意，她的眼睛裡閃爍出喜悅的光芒。薩天巴就要回去了，臨走時，她又對薩貌說：

「我告訴你們吧，我並不是蒼鷹，我只是要試試你們的良心，看看你們是不是能承擔起孵化人類的重擔。」

我是創世之神薩天巴，

住在九層彩雲的上蒼。

我是天地日月的生母，

我是萬物萬類的親娘。

我要造人類來管理天下，

造人的重擔就由你們承擔。

薩天巴說完話，就抖開神奇的翅膀，只見山崗上升起一道金色的亮光。眨眼間，薩天巴已凌空融進彩雲之中，但是，天空中卻留下一串串朗朗的笑聲。

薩天巴回到天門前，再一次回頭向地下眺望。她還想看看薩貌那美妙的舞蹈，她還想聽聽薩貌那快樂的歌聲，因為那優美的舞蹈使她忘記了憂傷，使她產生了新的希望[33]。

薩貌孵育人類

薩天巴那四顆肉痣，很快就成為四個大圓蛋，那四個大圓蛋發著金光。那四個善良的薩貌望著這四個大圓蛋，又想起了薩天巴的囑託，高興得眼淚都淌出來了。她們都知道自己的重任，便商量如何孵化。她們決定，四個圓蛋，由四個薩貌各孵一個，各個薩貌抱著自己孵的大圓蛋輕輕歌唱：

---

33 傳說薩天巴非常喜愛音樂舞蹈，所以侗家人凡舉行祭祖、祀神儀式，必奏樂、唱歌、跳舞。他們認為音樂和歌舞能打動薩天巴和一切神的心，使它們賜福於人。

流螢在山頭飛舞，
露珠在草尖閃亮。
晚風灌滿樹林，
夜霧籠罩著山崗。

　　四個薩貌唯恐夜霧把它沾濕，唯恐晚風把它吹涼，她們把白晃晃的大圓蛋抱在自己的心口上，然後才小心翼翼抱進樹洞裡，又用草、花鋪成窩塘，四個善良的薩貌，便開始孵大圓蛋。她們不吃不喝，就像雞婆孵雞蛋，一共孵了三百六十日，一共孵了三百六十夜。這一夜，天上突然降下一顆星。始祖松恩就降生在世上。

　　一個蛋裡出來了始祖松恩，可是另外三個大蛋什麼也沒孵出，四個薩貌很是著急，便決定破開來看看。沒料到，卻跑出三隻龍狗[34]，一出蛋殼就「汪汪汪」叫，龍狗一見松恩，就圍著他團團轉，搖頭擺尾，喜氣洋洋。

松恩在晨光中降生，
白皮嫩肉肥又胖。
兩隻小手長十指，
一雙眸子閃閃亮。

---

34 龍狗：古代侗族「仡伶」部落的圖騰標誌之一。因為狗是與人類同時生的，所以稱為「龍狗」，侗族愛養狗，不吃狗肉，有「欺人莫欺狗」之說。

松恩生下的第一天就「哇哇」哭，一直哭到第二天，這是不祥之兆，所以，侗族人便把小孩生下的第一、二天定為「忌日」，忌日是不准生人入戶的。並且要用一串雞殼和柚子枝葉懸掛在門上，以避邪。可是，到第三天，松恩都一直笑。所以，侗家人把第三天定為「慶日」，主家開忌，讓親友登門祝賀。松恩到第七天就會跳舞了，侗家人又把嬰兒生下的第七天定為「中慶日」，要請巫婆為嬰兒做洗禮。三十天時，松恩就會唱歌了。侗家人又把嬰兒生下的第三十天定為「大慶日」，主家要請歌隊在屋裡唱歌，對歌到通宵達旦。

四個薩貌十分疼愛松恩，總怕他餓著，一會叫他吃蜂兒，一會叫他吃牛奶果；四個薩貌又總怕他受風涼：

楠竹筍殼給他做褲筒，
棕櫚簑皮給他做衣裳。
夜裡抱他懷中睡，
日裡帶他浴陽光。

過了三百六十天，山崗上又出現四個大圓蛋，四個薩貌發現了，歡喜地忙把圓蛋抱進樹洞去孵化。又過了三百六十五天，又過了一年。在一個月亮明晃晃、滿天星斗的晚上，微微的晚風吹落了一顆星，薩貌孵出了另一個天蛋，出來一個女始祖，名字叫松桑。

另外三個蛋孵不出，四個薩貌又打開那蛋殼，卻從蛋殼裡跳出三隻山羊[35]。三隻山羊「咩咩」叫，圍著松桑蹦蹦跳，「咩咩」叫喚好歡暢。

松桑生在月光下，
一雙大眼水汪汪。
薩貌拿她當寶貝，
共同把她來育養。

秋天、冬天給她吃「桑果」[36]，春天、夏天則讓她喝蜜漿。白天抱她去看百花，夜裡把她抱在心口上睡覺，松桑生來就很可愛，她的皮膚飄散出一股清香，所以，連蜜蜂都誤認為是正在開放的花朵。那些好看的彩蝶常常繞著她嗡嗡飛舞。四個薩貌把鳳尾草當作簾裙給她穿，又用七彩的花瓣縫成衣裳，鳳凰也將她誤認為自己的姐妹。等到他們長大了，薩天巴便賜給松恩和松桑靈魂，又賜給他們智慧和力量。

薩天巴又讓他們在一起生活，在一起成長。松恩和松桑啊，就像一對楠竹筍，連在一棵竹根上；他倆又像葫蘆瓜，同心同肚又同腔。他們一起賞花，他們一起在山上摘果子，他們也在一起曬太陽。

---

35 山羊：古稱「龍羊」，古代侗族「仡僚（古音佬）」部落圖騰標誌之一。直到新中國成立前，侗族婦女還有共養一頭母羊的習俗，稱為「薩」（祖婆），不飼草，專飼糧米和甜酒，死後重祭。

36 桑果：即獼猴桃。

山裡的泉水喲，
蓄多了總要順山坡流淌。
樹上的花苞啊，
成熟了總要綻蕾吐芬芳。

　　松恩和松桑呀，就像一對鵲雀一樣難分離，甜蜜的愛情，慢慢在他們兩人的心中滋長。有一天，他們兩人在河邊賞花，金色的陽光把一朵朵花照得閃亮。花朵觸動了松恩的情感，他便用流水一樣的歌聲，輕輕對著松桑的耳根低聲吟唱：

坡地上的鮮花呀，
日日對我們噴吐出清香。
身邊的流水呀，
時時對我們放聲歌唱。
妹呀，妹喲，
我倆從小生活在一起。
你可知道啊，
阿哥寂寞的心腸？

　　那一夜啊，松恩和松桑在河邊賞月，銀色的月光把流水照得明晃晃。松桑也用水一樣的歌聲，悄悄對著松恩的腮邊低聲吟唱：

身邊的流水呀，

夜夜對我們放聲歌唱。
坡地上的花朵呀，
時時給我們送來芳香。
哥喲，哥呃，
我倆從小形影不離。
還問什麼呢？
阿妹妹的心早就掛在哥心上。

　　流水聽了，喜歡得哈哈大笑；明月聽了，臉上顯出喜氣洋洋。松恩和松桑高興得不停地舞蹈，松恩和松桑喜歡得不斷地歌唱，舞姿伴著日月飄溢，歌聲隨著流水飛揚。

松恩松桑談情了，
歌聲織成許身的情帶。
松恩松桑相愛了，
舞步編成甜蜜的情網。

　　從這之後，松恩和松桑便做了夫妻，從這以後，他們就生活在一起。他們生活得無憂無慮，心中充滿著純潔與光明，就像金燦燦的太陽，天天從他們心中升起；就像銀閃閃的月亮，夜夜把他們照亮。他們就像一對候鳥一樣飛來飛去，他們就像並蒂開在高峽流水旁邊的「娃龍花」香溢四周。

　　也不知是哪年哪月，也不知是哪日哪時，松恩和松桑就出了松

洞，松恩和松桑呀，就離開了薩貌。

　　雁鵝為他們指引方向，
　　他們來到交生[37]好地方。
　　交生地平水又甜喲，
　　渾水河畔把後代育養。

說唱者：楊卜林喜　楊卜松林　楊明世

改寫者：蒿　　紫

---

37 交生：侗語音譯，「交」即頭，「生」指地方。交生就是指一條河的發源地一帶，侗族世代相
　　傳，祖先最早生活在渾水河彼岸的「交生衙安」。「衙」指高處（水源頭）。「安」單譯是鵝，
　　可能是指天鵝、大雁等水鳥棲息的地方。
　　舊時侗家死了人，需要給死者舉行祭祀儀式，稱「跳葬」，為其超度過渾河，使他能順利地
　　回到「龍生寶地」——「交生衙安」去。這裡的「龍」字，在侗家係指古老的意思，如古村
　　稱「龍村」、原始森林稱「龍林」、古化石稱「龍骨」等。

洪水神話

龜婆孵蛋[38]

上古時候，世上沒有人類。有四個龜婆先在寨腳孵了四個蛋，其中三個壞了，只剩下了一個好蛋，孵出一個男孩叫松恩。那個龜婆並不甘心，又去坡腳孵了四個蛋，其中三個又壞了，剩下了一個好蛋，孵出一個姑娘叫松桑。從此世上有了人類。

後來松恩、松桑成親，生下了王龍、王蛇、王虎、王雷、丈良、丈美、王素等十二個兄妹。由於兄妹人多，時常淘氣，鬧出一場大災禍來。

一天，這十二個兄妹上坡去遊玩，鬥智比法。最小的弟弟王素，用鋸子鋸珙桐樹，發出火來，又悄悄地用火繩拴在王蛇尾巴上，恫嚇王蛇取樂。王蛇吃了一驚，慌忙往青山裡躲，結果使大火在山林蔓延，釀成了火災，燒傷了雷婆。雷婆動了氣，連續用沉雷打爛了王素的九座房屋。王素被激怒了，暗中設計新修了一座鐵屋，並用青苔敷在鐵屋頂上，引誘雷婆再來。雷婆不知有詐，看見王素的新屋建成，又來破壞，誰知剛剛落在鐵屋頂上，腳下青苔打滑，跌倒在屋頂上。蓋板立刻下陷，雷婆被關到鐵屋裡，囚禁多日，餓得她奄奄一息，幾乎死去。

後來，雷婆趁王素和丈良等人不在家，只有丈美一人看守她時，向丈美討水喝。雷婆喝了水，渾身頓添力量，發出雷鳴閃電，衝破鐵屋而出。為了報答送水救命之恩，雷婆拔下一顆牙齒，變成一顆瓜種，送給了丈美，關照丈美在天上開始落大雨時，把瓜種種到土裡，

---

38 本故事流傳於貴州黎平縣。本文選自《民間文學》1986年第1期。

說是可以避免災難……雷婆上天之後，就施出她最拿手的報復手段，發出閃閃電光，響起隆隆雷聲，大雨連續下了九個月，使得普天之下，天昏地暗，星月無光，洪水滔天，濁浪滾滾。

丈良、丈美兩兄妹在落雨時種下瓜種，這顆奇異的瓜種果然落地生根，寅時種，卯時發，很快長出了藤又結了瓜。兄妹二人還用扇子搧風，助它往上長，很快，瓜兒長得有三間房屋大。這時，天空又飛來啄木鳥，用尖嘴幫他們在瓜上啄開一個洞，當作進出的門，再把瓜內分成三隔。當大地上開始漲水時，丈良、丈美就躲進瓜中。大瓜在滔滔洪水中漂浮，丈良、丈美一路救起了七百條蛇、七千隻馬蜂和七千隻黃蜂，將它們統統收進瓜內，讓它們各住在一個隔層裡。丈良、丈美聽說是雷婆發洪水，禍害人間，決定去找雷婆，逼她退洪水。

洪水漲到了天上，大瓜浮到了雷婆的門前。兄妹二人斥責雷婆不該如此狠心，要她退掉洪水，但雷婆不肯。於是，丈良挽弓搭箭向雷婆射去，老蛇和蜂子也隨著丈良射出的箭奔向雷婆。丈良的箭射中了雷婆的眼睛，雷婆的雙眼流血不止；老蛇把雷婆的身子纏住，使她動彈不得；黃蜂往她的耳裡鑽；馬蜂叮她的腦殼，使她的頭腫得比笆斗還大。雷婆疼痛難當，無力招架，只得答應退去洪水。但雷婆心眼很壞，在猛退洪水時，想使大瓜撞在岩石上，淹死丈良、丈美。雷婆的詭計被丈良、丈美識破，他們便規定雷婆一個時辰只能退去洪水一丈，纏在她身上的老蛇和叮在她頭上的蜂子同時會褪去一層，疼痛自然也減輕一分；如若她再生邪念，便老蛇咬、蜂子叮、箭瘡發，叫她無藥可醫、無人可救。雷婆害怕了，不敢再耍花招，於是她放出十二個太陽來曬洪水，使洪水蒸發上升變為雲霞。一個時辰，大水果然退

去一丈。後來，洪水慢慢退完了，丈良、丈美的大瓜落到一個叫平俾鐵團的地方。兄妹在那裡從瓜中出來。可是，這時十二個太陽像十二團火球，早已把大地烤得田土開裂、樹木枯焦，已不能種莊稼。兄妹倆一看不好，便在長腰蜂的幫助下，一連射出十箭，把十個太陽射了下來，只留著兩個在天空，白天黑夜分別照亮，白天的仍叫太陽，黑夜的後來叫月亮。

丈良、丈美鬥敗雷婆，智退洪水以後，從瓜中出來，看到一片荒涼景象，多方尋找，不見一個人影，心裡發愁了。丈美想，世上的人死絕了，哥哥同誰結親呢？丈良想，世上已經無人煙，妹妹和誰做伴呢？一天兄妹外出，看見一對岩鷹歇在河邊，兄妹忙問岩鷹：「你倆飛得高、看得遠，日飛千里不歇氣，夜飛八百不眨眼，在這天底下，在那雲下邊，可曾見到別的男和女？」

岩鷹回答：「我倆四面八方都飛遍，現在只剩下你兄妹活在人世間，只有兄妹結成夫妻，人種才能往下傳！」

丈美接口說：「岩鷹的話太荒唐，親兄妹同吃一個母親的奶奶，同一根帶背在娘身上，兄妹怎能做夫妻，兄妹結親，見面也羞慚啊。」

岩鷹又勸說：「你倆莫要憨啦，現在你們兄妹若不開親，世上人種就會斷絕，這天大的罪過你兄妹能夠承擔嗎？」這時，兄妹二人有些猶豫了。岩鷹又說道：「你倆莫要遲疑和拖延了，不信，你倆同到高坡頂上去滾磨子，丈良滾磨蓋，丈美滾磨盤，然後再到山腳下看，若是磨蓋合在磨盤上，那就是天意要你們開親續嗣，不能違抗。」

丈良、丈美依照岩鷹的勸說去做，反覆三次，果然磨蓋都合在磨

盤上（有的地方傳說是哥拿刀在河東，妹拿刀殼在河西，哥在河東甩出刀，刀子飛到河西，落入妹的刀殼內）。於是，丈良、丈美已無可推脫，只得兄妹開親成了夫妻。

兄妹開親不多久，丈美身上了懷了孕，九個月後生出一個肉團團，生得實在醜，完全是個怪樣，渾身長著眼、鼻和嘴巴。丈美嚼飯去餵他，許多嘴巴齊張開，也不知給哪張嘴吃才好。對這個怪物，丈良、丈美心中真是為難，兩人懷疑怪胎是鬼怪變的，於是，下了狠心，把肉團剁成碎肉末，丟在大深山裡，撒在坡頭和坡腳。過了幾天，丈良聽見坡頭有娃娃哭，丈美聽見坡腳也有娃娃喊，有的山坡還冒出青煙，人聲、笑聲不斷。丈良、丈美覺得很奇怪，二人去到山頂望，只見一條條的山沖中，一片片的坡背上，成群的娃娃蹦蹦跳跳，到處熱氣騰騰、鬧鬧嚷嚷，有的講漢語，有的講苗語，有的說侗話，有的又說瑤話……丈良和丈美對著娃娃仔細端詳，只見有的像丈美，有的像丈良，原來都是自己身上的血肉變成的，難怪又像爹來又像娘。漢族娃娃本是父母身上的血，長大以後，喜住大江大河旁；侗族娃娃本是父母身上的肉，有硬也有軟，喜歡住在依山傍水的地方；苗族娃娃本是父母身上的骨頭，硬如青槓，住在高山頂上；瑤族娃娃本是父母身上的心肺，顏色有紅又有白，所以至今仍然喜歡穿花衣裳。

講述者：吳生賢　吳金松
蒐集整理者：楊國仁　濤　聲

捉雷公[39]

捉雷公

從前，有兄弟四人，老大叫長手桿，老二叫長腳桿，老三叫順風耳，老四叫千里眼。四兄弟都生得稀奇，正像各人的名字一樣，各有一套本事。他們要是湊在一起，那本事就更大了，什麼事情都做得到。

一天，他們的老媽媽得了重病，聽人說，要吃雷公膽才會好。幾兄弟就想法子捉雷公。順風耳豎起耳朵一聽，就聽到有人說，灶神是個耳報神，但凡人世間的善惡，他都要到天上去稟報，誰要是有了過失，或是糟蹋五穀，天王老子就打發雷公下來懲罰。順風耳把聽到的話告訴了弟兄們。為了給母親治病，大家就商量出一個捉雷公的法子來。

長手桿和長腳桿到山上剝了許多滑皮椰[40]拿來鋪滿屋頂，用水潑得滑溜溜的，又拿了些糯米飯，故意糟蹋。灶神見了，就到天上去稟報。天王老子聽到有人糟蹋五穀，很生氣，馬上打發雷公來懲罰他。順風耳聽到雷公要來了，千里眼看見雷公動身了，長手桿、長腳桿就準備好了。頓時，霹靂火閃，震得天搖地動，雷公怒氣衝衝飛了下來。他原想一錘一鑱就把四兄弟的房子砸爛，哪曉得他剛落到房頂上，一腳踩著滑皮椰，吱溜一傢伙，就從房頂滑下來，摔了個四腳朝

---

39 本故事流傳於貴州省天柱縣。本文選自《南風》1981年第2期。

40 滑皮椰：一種樹木，它的皮剝下來，沾上水就產生一種很滑膩的漿，因此又叫「鼻涕椰」。

天。雷公剛跌到地上，就被長手桿抓住；長腳桿大步趕來，一同把雷公捆了。他們奪下雷公的錘子和火鑷，把他關進鐵籠裡，只等找來鹽巴，就取雷公膽給媽媽治病。

長腳桿去東海邊找鹽，三兄弟留在家裡守雷公。長腳桿剛走，他們三個由於太累，慢慢地都睡著了。

雷公關在鐵籠裡正發愁，恰好有姜良、姜妹兄妹倆挑水路過，他就苦苦央求他們，要一口水喝。兩兄妹見雷公可憐，就答應送他點水，雷公就拿一顆葫蘆籽送給他們，說：「你們把這瓜種連夜種下，就守在旁邊念：『寅時種，卯時生，辰時開花，巳時結瓜。』長出瓜來，你們自有好處。」雷公說完，接過水，嘰哩咕嚕念了幾句，噗的一口噴去，鐵籠乒的一聲炸開了。雷公出了鐵籠，搶回他的鐵錘、火鑷，轟隆隆、轟隆隆，風風火火地飛上天去了。

洪水滔天

雷公跑到天上，在天王老子面前告狀，說世人如何如何可惡，求天王老子放下洪水，淹死世上的人。天王老子聽了，就給雷公一瓢水說：「倒一半，留一半，免得世人把後斷。」雷公吃了虧，哪裡肯聽天王老子的話，把一滿瓢水嘩啦啦全倒了下來。

再說姜良、姜妹得了雷公的葫蘆子，就連夜把它種下，守在旁邊，「寅時種，卯時生，辰時開花，巳時結瓜」地念個不停。也真怪，葫蘆種立馬就發芽、牽藤、開花、結瓜，很快就長得像個大桶。

這時，雷公倒下了一滿瓢水，頓時洪水滔天。眼看崇山峻嶺、飛禽走獸，連同世人，都要被洪水淹沒了，姜良、姜妹就把葫蘆開了個

洞，一齊鑽進葫蘆裡，隨著洪水到處漂流。

　　長手桿、長腳桿、千里眼、順風耳看見走脫了雷公，曉得他一定要來報仇，就商量對付的辦法，順風耳伸長耳朵聽，千里眼觀察動靜。順風耳聽到雷公要放洪水下來把人淹死，就趕緊和弟兄們講了。長手桿和長腳桿急忙找來木頭，紮成了木排。雷公把洪水放下來時，他們坐在木排上，隨洪水漂蕩。洪水漲呀漲呀，漲到天了；他們的木排漂呀漂呀，也漂到天上，碰著南天門了。雷公聽到響聲，問是哪個。他們大聲回答：「長手、長腳，來捉逃脫的雷公。」

　　雷公聽了，嚇得趕緊鑽到天王老子的屁股底下，戰戰兢兢地說：「天王爺，不得了嘍，他們上天來捉我啦，你趕快把天升高吧。」天王老子也慌了手腳，一屁股坐下來，把雷公壓得眼睛都鼓出來了（現在有些地方塑雷公的像，都是鼓鼓眼）。天王老子一時沒有辦法，只好把天升得高高的（所以現在的天很高很高）。可是，已經來不及了，他們弟兄四人，已從南天門進到天上來追趕雷公。雷公東躲西藏，他們緊追不放。（如今天上忽而這裡轟隆隆，忽而那裡轟隆隆，傳說就是他們在捉雷公哩）

射太陽

　　十二個太陽就像十二團火，白天黑夜不停地曬，不久就把洪水曬乾了，也把石頭曬得開裂了。姜良、姜妹回到了地上，熱得難過日子，就找來桑木做弓、矢竹做箭，順著上天樹[41]爬到樹尖上去射太

---

41 上天樹：即現在的馬桑樹，傳說在很早以前長得很高，所以叫它上天樹。

陽。離太陽越近，就越曬得厲害，姜良上到樹巔，曬得他喘不過氣來，但他忍受著，鼓著勁，拉滿弓，連射了十箭，把十個太陽射落下來。姜妹見了忙說：「不要射了，不要射了，留下一個照哥哥犁田，留下一個照妹妹紡花。」姜良才收了弓。哪曉得還有個小太陽嚇得躲在蕨芨葉下，後來就變成了月亮。

姜良射落了十個太陽，天王老子著慌了，打開天門一看，原來姜良是順著上天樹，爬上去把太陽射落的。他埋怨上天樹長得太高了，就咒罵道：「上天樹，不要高，長到三尺就勾腰。」所以，後來上天樹就長不高了。

找伴配對

姜良射落了十個太陽，地上涼快了，也有了白天和黑夜，白天太陽出來，夜晚月亮當空。可是，洪水滔天以後，地上沒有房屋、沒有人畜、沒有雞鴨，他們重新造房架屋，開田開地，種瓜種豆，種棉種糧。不久，姜良、姜妹年紀都大了，沒有人來配對成雙，他倆就到處去找。姜良找男人，姜妹找女人，找呀，找呀，找了三年六個月，走遍了東南西北，也沒有找著。實在無法，他倆就去問竹子：「竹子啊，你各處都住過，四季常青，長命百歲，數你見識廣。請你告訴我們，世上哪裡還有人，我們要配對，我們要成雙。」

竹子說：「洪水滿天下，世人都死光，你們要配對，你們要成雙，只有兄妹來配上。」

姜妹聽了，羞得滿臉紅，很生氣，就揮起砍刀砍竹子，邊砍邊罵：「竹子太可恨，順口胡亂講，家家都有兄和妹，哪有兄妹配成

雙？我把你砍成節節，把你破成綹綹，看你以後還亂講！」

竹子又說：「實話對你講，你反把我傷，若是今後找不著，你要來把我接上。」後來姜良、姜妹找不到配偶，兄妹結了婚，只好來把砍斷的竹子接上。所以，現在竹子才長成一節一節的，人們還把它劃成綹綹，用來編織物件。

他倆又去問松樹：「松樹公公啊，你坐在山崗上，站得高，看得遠，四季常青，數你年紀大，數你見識廣，請告訴我們，世上哪裡還有人？我們要配對，我們要成雙。」

松樹開口說：「洪水滿天下，世人都死光，你們要配對，你們要成雙，只有兄妹來配上。」

姜妹聽了，怒氣衝衝，指著松樹公公罵：「松樹講話不合情，哪有兄妹配成雙，你厚著臉皮就亂講，以後砍一根絕一根。」姜良趕忙說：「那要不得！」姜妹又補上一句：「這邊飛種那邊生。」所以，後來砍了松樹，樹樁上不能再發芽生長，全靠樹種四處飄落來繁衍。

他們又去問石頭老人：「石頭公公你聽著，世上哪裡還有人？我們要配對，我們要成親。」

石頭老人說：「天地初生我也生，千百萬年記得清，自從漲過漫天水，世上再無別的人，你們想要成婚配，只有兄妹結成親。」

姜妹聽了，雖不像前幾回那樣生氣，但心裡還是不舒服：「兄妹怎能配成親呢？」

兄妹成親

姜良、姜妹走遍天下，問過竹、松樹和石頭老人，都說沒有人了，只有兄妹成親。

姜良為了接後代，就向姜妹提出成親。姜妹說：「羞死人，兄妹成親羞死人，從小同父又同母，如今怎好配成親。」接著就對姜良提出三個條件：「東西兩地兩堆火，火煙要會合；嶺南嶺北兩條水，河水要會合；東山西山兩扇磨，滾下坡腳要會合。三件事情能做到，兄妹成親無話說。」

姜良聽了很為難，抱起腦殼天天想，走到哪裡問到哪裡。想呀想，問呀問，總找不出頭緒。他去問棕樹，棕樹搖著大蒲扇不理睬。姜良很生氣，撕爛了它的大蒲扇，說：「看你這樣子，真是氣死人，我要剝你的皮、抽你的筋。」所以，現在的棕樹葉子都是細絡細絡的，[42]人們每年都要剝棕皮、抽棕絲。

姜良又問烏龜：「烏龜、烏龜，請問你：東西兩地兩堆火，火煙怎麼能會合？」烏龜說：「等到東風起，先點東邊後點西。」他仔細想著烏龜的話：「先點東邊後點西，東邊先燃，火煙往西邊吹去，西邊後燃，煙子升起來，正好同東邊的煙子會合。第一件事解決了。」

他又問：「烏龜、烏龜，請問你：嶺南嶺北兩條水，河水怎麼能會合？」烏龜說：「水往低處流，西邊高來東邊低，嶺南嶺北兩條水，自然得相會。」

---

42 傳說以前棕樹葉子又圓又大，被姜良撕了以後，才成今天的樣子。

他又問：「烏龜、烏龜，再問你：東山西山兩扇磨，滾下坡腳怎能合？」

烏龜笑著說：「姜良啊姜良，你怎麼這樣老實。你先合一副磨子放在山腳下，然後再到山上去滾磨子，山上的磨子滾下山來，你還到哪裡去找呢。然後你帶著姜妹去看合上的磨子，不就行了嗎？」

姜良很感謝烏龜的幫助，就請烏龜蹲在他的頭上，隨時給他出主意。姜良在烏龜的指點下，辦好了那三件事。姜妹再也無話可說，但兄妹結婚是很羞人的，姜妹就用雨傘遮住臉面，才進到屋裡去。現在有些侗族地區，新娘子進屋時都用雨傘遮臉，傳說是照著姜妹的做法。烏龜幫助姜良、姜妹結親，才有了後代。所以，現在給姜良、姜妹塑像時，總是把姜妹塑成紅臉，說是兄妹結親時羞紅的；把姜良塑成爆眼睛，說是射太陽時曬爆的；還要塑一隻烏龜在姜良的頭上，以紀念烏龜對人類繁衍的功勞。

姜良、姜妹成親三年，生下一個肉團，無頭無腦像個冬瓜。他倆心裡很發愁，又去問烏龜。烏龜說：「你們磨好刀，把它砍破，骨肉分開丟，心肝肚腸分開放。」姜良、姜妹就把肉團砍做幾大塊，骨頭丟在田壩，肉丟在河邊，心肝丟在岩洞邊，肚腸丟在山坡上。第二天起來一看，田壩裡頭到處冒煙，河邊上、岩洞邊有人在走，山坡上有人唱歌跳舞。從此，世間有了人煙。

講述者：楊引招

蒐集整理者：龍玉龍

大地神話

叟[43]

從前，侗家有個武士名叫叟，他的箭法十分神奇高明。他的箭能穿過雲層，命中目標，千里萬里，也都能百發百中。

那時候，夜裡常有妖怪出來害人。可是月亮照得地上亮光光的，無論怎樣狡猾的妖怪，都逃不脫叟射出的神箭。

妖怪走投無路，只好跪在魔王面前求救：「魔王爺爺，月光太亮了，叟的箭太準了，我們再也活不下去了，您想個辦法救救我們吧！」

魔王齜牙咧嘴嘿嘿一笑。魔王一笑，毒計就生，它一時難害武士，就設法暗算月亮。

有天晚上，叟照例在月光下練箭，忽然覺得月光漸漸暗淡下去。叟抬頭細細察看，只見月亮裡有一棵榕樹，越長越大，最後把月光都遮住了。於是，地上變得陰森森的，還傳來一陣陣淒厲的慘叫聲。叟想去察看，黑麻麻的看不清楚。叟想：妖怪趁機出來害人了，我要趕緊先救月亮，再救鄉親，要不地上就會變成妖魔鬼怪猖狂害人的世界了。叟越想越著急，馬上背起砍刀、弓箭，用力一蹬，飛身上了大杉樹尖頂；再一蹬，順著風勢奔上了月宮。

叟到月宮裡定睛一看，見那棵大榕樹，葉子長得像瓦片一樣密密麻麻，蓋得下面什麼東西也看不清楚。叟「刷」地抽出砍刀，猛力向大榕樹砍去，邊砍邊大聲喝道：

---

43 本故事流傳於廣西龍勝平地、龍平一帶。本文選自《侗族民間故事選》，上海文藝出版社，1982年版。選定者：陳平。

大榕樹，

大榕樹，

只許你在土地上生長，

不許你在月亮裡遮光！

　　叟一刀砍下去，榕樹被砍出了一個缺口；叟剛把刀抽起，缺口馬上長好了。叟一口氣連砍幾十刀，榕樹還是一點也沒有損傷。

　　叟越砍越覺得奇怪，特意靠近榕樹，伸手去摸樹身。誰知這一摸不得了，叟的兩手和那把砍刀，緊緊黏在榕樹上再也抽不脫了。榕樹發出了魔王嘿嘿的怪笑聲。叟怒火萬丈，連連喝道：「不許你逞妖作怪！不許你危害月亮！不許你禍害天下眾人！」叟這三聲怒斥，震得這棵魔王變成的妖樹枝枯葉子落，再也擋不住月光了。月亮得救了，眾鄉親得救了。

　　後來叟便留在月宮裡，一直監視著魔王。這個故事也就一代一代傳了下來。

口述者：奈　勾

蒐集整理者：華　謀

蒐集時間：1962年

姜古造地

　　傳說天地混沌之時有個大神姜古，他受玉皇大帝的旨意，塑造大地。他用自己的雙手雙腳將天下的泥土沙石，從四面八方攏成一堆，又用水澆濕，然後使勁用雙手雙腳搓揉和踩踏，讓泥土和沙石混雜，接著又用他的五指和巴掌儘力擠壓，還用力蹬了幾腳。所以現在的地面是高山丘陵縱橫，江河溪澗交錯。他蹬下的腳板印就是今日的海洋和湖泊。

（楊錫光）

英雄神話

四也挑歌傳侗鄉[44]

　　據說，侗族最早的祖先松恩、松桑的媽媽死了以後，埋在河坎上。後來，就在河岸上長出了一棵樹，綠油油的樹葉上，長出了許多密密麻麻的侗歌字紋。這些侗歌字紋，誰也看不見、認不得，只有幾隻名叫丟歸的神雀能夠識別。它們每天從遠處飛落在樹上，看著葉片上的字紋，唱出了各種不同音調的侗歌。後來，侗家男女常常圍在樹下，學唱這些侗歌。

　　離這樹不遠，住著一個老婆婆，她是管五穀的神婆。每逢農曆二月二十日，侗家殺雞、殺鴨，燒香敬她，祈求她保佑五穀豐收。這個神婆最喜歡安靜，那些丟歸雀整天在樹上唱呀、跳呀，她非常生氣。她找來一根曬衣桿，悄悄爬上樹去，狠狠打了丟歸雀一陣。丟歸雀被打得死的死、傷的傷，全都落在河裡。可是她還不解恨，又把樹枝折斷，丟下河去。

　　那些被打下河的丟歸雀，落在水裡的都死了。只有一隻受傷的，落到了漂在河中的樹枝上，順著水流漂了下去，當晚漂到了八萬寨附近的一個漩水灣裡，再不往前漂。這只受傷的丟歸雀甦醒過來後，又大聲唱起歌來。它的清脆的歌聲，驚動了大家。人們順著這歌聲朝漩水灣找去。河裡的鱖魚、鯉魚、鯽魚、苗婆魚、團魚、蝦子、螃蟹，也趕到漩水灣來聽丟歸雀唱歌。它們一面聽，一面叫好。正當聽得起勁的時候，河裡又來了一條大惡魚，名叫若洛。它頭如笆頭，眼似銅鈴，身體大得像條船。它朝著唱歌的地方衝來，一邊叫著：「閃開，

---

44 本故事流傳於貴州從江、黎平地區六洞、九洞一帶。本文選自《侗族民間故事選》，上海文藝出版社，1982年版。選定者：陳平。

閃開，讓我來聽聽！」魚群見惡魚來到，紛紛往兩邊退讓。這條大惡魚游到丟歸雀面前，吞了吞口水，咂了咂嘴巴，從水中往上一躍，一口把正在唱歌的丟歸雀吞進肚裡。歌聲聽不見了。大惡魚擺了擺尾巴游走了。

這時，人們打著燈籠火把找到漩水灣來了，看見河中的魚嚇得紛紛奔逃，卻聽不見丟歸雀的歌聲。問這個，這個搖搖頭；問那個，那個擺擺腦。誰也不敢講。只有苗婆魚走在最後，它偷偷地講明了真情。

人們一聽惡魚把丟歸雀吃掉了，感到非常氣憤。他們湊了四十斤黃麻搓成釣線，用三十把舊鋤頭打成釣魚鉤，拿兩歲的牛仔當釣餌，選派了一百多個年輕力壯的小夥子去河邊安釣。麻繩的一頭拴在大樹上，另一頭安上釣鉤，套上牛仔釣餌，丟進河裡。若洛在河中見了這條牛仔，便衝了上來一口把它吞進肚裡。若洛上鉤以後，在河裡翻來覆去折騰了一陣，就被小夥子們拖到沙灘上。他們把惡魚活活打死，把它的肉平攤分給大家了。

村上有個名叫四也的後生，看見魚肚裡的氣鰾好看，想拿它回去裝水。他掏出刀子剛剛準備割切，忽然聽到魚肚裡發出一陣陣唱歌的聲音。他破開魚肚，只見一隻丟歸雀從裡面跳了出來。丟歸雀說：「多虧你救了我，可是我沒有什麼好報答你。如果你喜歡唱歌，你就把河灣裡所有的樹枝都撈上來。我把上面記載的侗歌全教給你。」四也聽了，立即把樹枝撈起來，捆成兩大捆，把丟歸雀揣在懷裡，一起帶回家去。

到了家裡，丟歸雀要四也把村上識漢字的先生請來，它教一句，先生用漢字記一句侗音。就這樣，不知記了多少個日日夜夜，也數不

清楚記錄了多少首侗歌。四也便按照「嘎錦」[45]、「嘎祥」[46]、「嘎辦密」[47]、「嘎靠」[48]分成四大類，訂成歌書兩百本，分裝成兩隻箱，用楠木扁擔挑著，到處去傳歌。四也到哪裡，哪裡就響起了歌聲。

四也挑著歌書，來到了六洞地界，一條大河橫在他面前。他就涉水過河，誰知剛剛走到河中心，扁擔突然斷了，兩隻歌書箱子落入河裡，箱蓋被打開了，歌書漂落在河裡。四也大聲叫人快來搶救。這時正好划來了一隻船，船上人熱心幫助打撈歌書。四也將搶救到的歌書放在沙灘上曬乾後，又去各地繼續傳歌。被水沖走的歌書，有一些漂到下游，大部分落在六洞沿河的沙灘上，被兩岸的侗家居民撿到了，後來，在那一帶這些歌就廣泛流傳開來。所以直到如今，侗歌歌本是用漢字記侗音的，六洞這一帶能歌善唱的歌手特別多。

蒐集者：吳生賢

整理者：吳生賢　濤　聲　楊國仁

風雨橋的傳說[49]

古時候有個小山寨裡有個後生，名叫布卡，娶了一個妻子，名叫培冠。夫妻兩人十分恩愛，兩人乾活回來，一個挑柴、一個擔草，一

---

45 嘎錦：也譯作「嘎窘」，即敘事歌。

46 嘎祥：勸世歌。

47 嘎辦密：情歌。

48 嘎靠：酒歌。

49 本文選自《侗族民間故事選》，上海文藝出版社，1982年版。選定者：陳平。

個扛鋤、一個牽牛，總是前後相隨。這培冠又長得十分美麗，夫妻兩人過橋時，河裡的魚兒也羨慕得躍出水面來偷看他們。

有一天早晨，河水突然猛漲。布卡夫婦急著去西山乾活，也顧不得這個，同往寨前大河灣的小木橋走去。正當他們走到橋中心，突然一陣大風颳來，刮得布卡睜不開眼，妻子「啊呀」一聲跌進水裡。布卡睜眼一看，不見妻子，知道被颳下河去了，就一頭栽進水裡，潛到河底。可是來回尋找了幾次，卻不見妻子的影子。鄉親們知道了，也紛紛跑來幫他尋找，找了半天功夫，還是找不到他的妻子。這究竟是怎麼回事呢？

原來河灣深處有隻螃蟹精，把她捲進河底岩洞裡去了。螃蟹精變成一個漂亮的後生，要培冠做他的老婆，培冠不依，還打了它一巴掌。它馬上露出凶相來威逼培冠。培冠大哭大罵，哭罵的聲音在水底一陣陣傳到上游一條花龍耳裡。

這時風雨交加，浪濤滾滾，只見浪裡有一條花龍，昂首東張西望。龍頭向左望，浪往左打，左邊山崩；龍頭往右看，浪往右沖，右邊岸裂。小木橋早已被波濤捲得無影無蹤。眾人膽顫心驚！可是花龍來到布卡所在的沙灘邊，龍頭連點幾下之後浪濤就平靜了。隨後，花龍在水面打了一個圈，向河底衝去，頓時，河底「骨碌骨碌」的響聲不斷傳來，大漩渦一個接一個飛轉不停。接著從水裡冒出一股黑煙，升到半空變做一團烏雲；那花龍也緊追衝上半空，翻騰著身子，把黑雲壓了下來，終於壓得它現出了原形。原來就是那隻鼓樓頂那樣大的黑螃蟹。黑螃蟹慌慌張張逃跑，爬上崖壁三丈高。花龍下到水裡翻個筋斗，龍尾一擺，又把螃蟹橫掃下水來。這樣連鬥幾次，把螃蟹精弄得精疲力盡，搖搖晃晃爬向竹林，想借竹林擋住花龍。可是花龍一躍

騰空，張口噴水，噴得竹林一片片倒塌下去，螃蟹又跌進河中。花龍緊緊追進水底後，浪濤翻騰著便順河而下，這時再也看不見黑螃蟹露面了。後來，在離河灣不遠，露出一塊螃蟹形的黑色大石頭，就是花龍把螃蟹精鎮住的地方。這塊大石頭，後人稱它為螃蟹石。

等到河水平靜之後，聽見對面河灘上有個女人的聲音在叫喚。布卡一看，那女人正是自己的妻子。布卡叫幾個人馬上游水過去，上岸把她救了回來。培冠對布卡說：「多虧花龍搭救啊！」大家才知道是花龍救了她，都很感激花龍。這時花龍往上游飛去了，還不時回身向人們頻頻點頭。

這件事十傳百、千傳萬，很快傳遍了整個侗鄉。大家把靠近水面的小木橋改建成空中長廊式的大木橋，還在大橋的四條中柱刻上花龍的圖案，祝願花龍長在。空中長廊式大木橋建成後，舉行慶賀典禮時，奏著蘆笙唱著歌，人山人海，非常熱鬧。這時，天空彩雲飄來，形如長龍，霞光萬丈，眾人細看，正是花龍回來看望大家！因此後人稱這種橋為回龍橋，有的地方也叫花橋，又因橋能避風躲雨，所以又叫風雨橋。

口述者：胡尚仁
蒐集整理者：楊全江
蒐集時間：1979年

達摩天子[50]

　　達摩天子是侗族崇拜的女神。俗稱「聖母」或「祖婆」神。據口碑傳說，達摩天子是古代侗族農民，貧窮、正直、勤奮，每天早起看田水，不分你我，哪丘田乾灌哪丘，直到丘丘有水為止。她又善於撫養兒女，哪家小孩有病或夜哭，只要她在門前哼三聲「啊臥，啊臥，啊臥！」小孩就會熟睡到天明。達摩天子家境貧寒，缺吃少衣無褲穿，每天半夜起床進田壩看水，上山砍柴，都是捆一張芭蕉葉當褲子。後來她自己種棉、紡紗、織布做衣裙，才逐漸富裕起來。她又把種棉、紡紗、織布的技藝教給侗家婦女，從此，侗家的婦女才會紡紗、織布做花裙。侗家人很感激達摩天子，遂尊其為神，婦女尤為篤誠。湖南通道侗族自治縣雷團一帶，有的認為達摩天子是李王婆，有的又說是莎瑪。

整理者：楊錫光

兄妹救太陽[51]

　　古時候，天上的太陽是不落的，處處亮堂堂，一年四季像春天一樣。種的糯禾，金黃黃鋪滿田垌；栽的杉木，青蒼蒼染綠山崗。人人吃飽穿暖，個個都把太陽看成寶貝。

---

50 本文選自《中國各民族宗教與神話大詞典》，學苑出版社，1990年版。選定者：陳平。
51 本故事流傳於廣西三江板必。本文根據廣西民間文學研究會編印的《侗族文學資料》（第二集）整理。

那時，地底下有個吃人的惡魔，名叫商朱。他最怕見太陽，因為太陽光射到他身上，他就一步也走不動了，什麼東西也看不見了。所以太陽掛在天上，他便躲在地底，不敢在地面上露一露臉。

人說：凶狠的惡魔，心眼總是毒辣的。商朱把太陽恨進骨頭裡。他在地底下搜腸刮肚想了個壞主意，打了一根大鐵棍，有九百九十九丈長，有九十九個人合抱那樣粗。一天，他用盡全身的力氣，趁著風勢朝太陽打去。「嘭」的一聲，掛太陽的金鉤被鐵棍打脫了，太陽從天上落了下來，天地間頓時變成一片黑暗的世界。

商朱從地底下鑽了出來，吃吃地怪笑著。他的笑聲傳到哪裡，哪裡就有一片哭聲，在昏天黑地裡，商朱撐開肚皮喝人血、吃人肉。

有兩兄妹，哥哥是個勇敢的後生，妹妹是個善良的姑娘。他們不忍心聽見大家的哭聲，就找鄉親們商量救太陽的辦法。你一言、我一語，大家商量好做一架天梯，搓一條麻繩把太陽拉回天上去。

哥哥帶著男人們摸黑砍呀！修呀！修了三十三天，修起了一架九百九十九丈長的杉木天梯。妹妹帶著女人們用黃麻不停地搓呀！搓呀！搓了三十三天，搓成一條九千九百九十丈長的麻繩。

大家公推哥哥到天上去尋金鉤，妹妹在地上找尋太陽，約定找到太陽和金鉤時，搖響銅鈴作為訊號。

哥哥和妹妹帶著銅鈴，各拿麻繩的一頭，分頭走了。

哥哥爬杉木梯到了天上，從天南摸到天北，什麼也沒有摸到。天上的風又尖又利，卻把哥哥的肉吹破了。

妹妹拉著麻繩摸上大山，又摸過小河，也不知走了多少路，連腳

都腫了。終於在肯亞山腳摸到了太陽。她用繩子套住太陽，靠在太陽身邊。雙手搖動銅鈴，高興得笑起來。不料這笑聲被商朱聽到了。商朱就找到了妹妹，把妹妹抓到嘴邊。他的指甲鉗進妹妹的肉裡，鮮血一滴滴地滴下來，滴在太陽身上。妹妹的一顆心也急得跳出嘴來，掉在地上。可憐妹妹還沒有見到太陽的光亮，就被商朱吃掉了。

商朱吃掉妹妹後，他又去舀來污水，把太陽淋冷了。他想，就是你們拉得上去也不光亮了。他便放心地抓人吃去了。

哥哥在天上，忽然聽到地上叮噹的銅鈴聲，曉得妹妹已經找到了太陽。他加快腳步，從東到西在天上繼續摸呀摸，一直摸到西天的盡頭，終於把金鉤摸到了。他連忙把繩子套進金鉤，搖響銅鈴，帶著繩頭從天梯上飛一樣地滑下來。

哥哥一回到地上，鄉親們就圍攏來，接住繩頭，齊心協力地拉，就這樣，太陽終於被大家拉上天去了！可是這太陽卻暗淡無光，地上還是一片漆黑的。哥哥便拿起一個鼓風爐，扛起一把大鐵錘，回到天上，把太陽放進爐裡去煉。

頓時，爐火熊熊，聲響陣陣，它就是我們今天聽到的雷鳴、看到的閃電。爐子裡飛濺出一顆顆火星，它就是我們今天見到的星星。

太陽終於發熱了，明亮了。商朱雙手搗著眼睛像瞎子一樣在那裡團團轉，他再也休想逃回地底下去了。大家一擁而上，你一拳、我一腳，把這個惡魔活活打死了。從此大家又有好日子過了。哥哥在天上想到麻繩雖然很粗大，終究禁不住火燒。麻繩燒斷了，太陽落下來，地上勢必又會一片漆黑，地上的人們還會受苦的。因此，他決定留在天上，每當太陽落了他就把它拉了上去。所以我們現在有黑夜和白天。

再說妹妹的心落在地上之後，得到陽光的溫暖，很快就發芽長枝開花，這就是我們今天見到的朝陽花。朝陽花不但像心，顏色也是殷紅殷紅的。太陽在哪方，她的臉就朝向那方。朝陽花身上有幾點烏紅烏紅的斑點，就像滴在太陽身上的血！

口述者：黃大奶

整理者：鼓　聲　卜　朗

姜良與姜妹[52]

姜良與姜妹是侗族神話中人類始祖松恩、松桑的孩子，他們的兄弟姐妹是虎、蛇、雷、熊、貓、狗、豬、鴨、鵝。只有他們兩個是人。他們不願與禽獸為伍，私下定計，約兄弟姐妹們上山去玩，在山上比武。姜良、姜妹搬來柴草，圍著大家堆放，然後放火燃燒，發出了紅紅的火光，兄弟姐妹們覺得好看好玩，玩得很帶勁。但火越燒越旺，濃煙滾滾，燃著樹林，燒遍山崗，老虎無處躲，龍蛇無處藏。雷怒氣衝衝飛上天，老虎被燒得滿身痕斑地逃進老林，龍往水裡跳，蛇往洞裡鑽，貓、狗、雞、鴨燒得慌慌張張，緊緊跟著姜良、姜妹。從此，各歸各的地方，人才和獸分開。

---

52 本文選自《中國各民族宗教與神話大詞典》，學苑出版社，1990年版。選定者：陳平。

大小板凳老神[53]

相傳大小板凳老神是張天師的徒弟，精通法術，神通廣大，能降龍伏虎，斬鬼驅邪，治疾消邪，護佑侗人。大板凳名楊法祖，吳法文是長輩弟子，施法時以一條大板凳當麒麟、獅子為坐騎，故稱大板凳老神；小板凳名姚再茂，龍道洪為晚輩弟子，作法以一條小板凳當老虎、豹子為坐騎，故叫小板凳老神。傳說他們能飛行天宮瑤池，出入陰曹地府；能呼喚雷、風、雲、雨、閃電；能擒拿魑魅魍魎，道法高超。而且能煉靈丹妙藥，治病除疾救世人。晃州（今新晃）一帶侗人，每有災難禍殃、時疫瘟病，或突見奇異怪現象，受驚遭嚇，都要請他們為之驅邪鎮驚、診治醫療，據說都能法到邪除、藥到病癒。侗家人視其為神明，祭祀之。

吳勉[54]

傳說吳勉生下來的時候，有一群雀子落在他家屋頂上，紅光滿屋、香馥盈村。他剛落地就會喊媽，三歲時已能光著屁股滿山跑，連老虎豹子也不怕，五歲那年他騎在牛背上，可以放牧全寨的牛。有一天他出去放牛，看見對門坡上的草都給牛吃光了，想把牛趕到後龍山上去吃個飽。他聽老人講過，後龍坡儘是懸崖陡壁，怪石嶙峋，人跡罕至。但他決心要去試試。他騎在牛背上，拿著小鞭子趕牛來到後龍

---

53 本文選自《中國各民族宗教與神話大詞典》，學苑出版社，1990年版。選定者：陳平。

54 本故事流傳於貴州黎平。本文選自《中國少數民族文學》，湖南人民出版社，1983年版。選定者：陳平。

坡邊，果然坡陡，牛牯們爬上幾步又摔下來。一連好多次，一條牛也沒爬上去。吳勉很惱火，將手上的鞭子往岩石上狠狠抽打幾下。說也奇怪，山上岩石好像怕他那條鞭子似的，剎那間都往兩邊滾開。他一見大喜，揮舞著手中的小鞭子，大聲喊道：「岩石岩石滾兩邊，讓我放牛走中間。」山岩應聲炸裂，從當中閃出一條路來。這事傳到寨上，人們才知道吳勉手中趕牛的鞭子是個寶貝。從此，吳勉趕山的奇事就傳遍了百里侗寨。

吳勉長到十五歲，已是一個身魁力大的小夥子，不但莊稼活路做得既好又快，挑擔子上坡如走平地，還會射一手好弓箭；他彈的琵琶錚錚悅耳，唱的月堂情歌優美動聽，所以寨上的侗家姑娘都喜歡欣賞他「行歌坐月」。寨上的青年們也常與他做伴。這樣，吳勉就成為這一帶地方眾望所歸的「漢頭」（後生的頭頭）。

吳勉十八歲那一年，遇上大旱，窮人們到處逃荒要飯、賣兒賣女。可是皇帝和官家卻不顧人民死活，逼著要租要糧。於是侗寨聚眾起「款」，起來抗官抗糧。吳勉的父親是蘭洞寨上的「格老」[55]，被群眾推為起義隊伍的首領。這支隊伍作戰勇敢，很快就旗開得勝，包圍了黎平城。府臺大人聞風喪膽，設下談判詭計，把吳勉父親騙到官府活活整死。

吳勉聽到父親被害的消息後，決心為父報仇，並挑起父親的擔子，當了起義隊伍的領袖。他花了七七四十九天，造好了三支神箭，準備在皇帝上朝時射出去，把皇帝射死。他跟姨媽說：「我累了四十九天沒有睡覺，現在先讓我睡一覺，明早雞叫再喊醒我。」吳勉

---

55 格老：侗族對老人的尊稱。

的姨媽找來一面銅鑼準備雞叫時打鑼喊醒吳勉。但因年老，半夜睡著了。銅鑼放在雞籠上，恰巧這時有一隻黃鼠狼跑來偷雞，打翻了蓋在雞籠上的銅鑼，雞被驚醒，就啼叫起來，寨上的公雞也隨之亂鳴。吳勉醒來，誤認為即將天明，連忙喊醒大家跑上山頭，自己在山頂上朝著金鑾殿方向，扯滿了弓，狠狠地連發三箭。可是，由於雞叫的時間提前了，皇帝還未上朝，這三支神箭只射中了席上無人的龍椅。到了上朝時候，皇帝和滿朝文武大臣見到龍椅中間那整整齊齊釘著的三支利箭，嚇得目瞪口呆。皇帝見箭上刻有「吳勉」的字樣，立即派人查問，終於得知吳勉為父報仇的情況，非常害怕。立刻下令派遣數十萬官軍來捉拿吳勉。吳勉剛射完第三箭，弓弦突然斷了，他察覺到不是好兆頭，就另做了準備。他還探知敵人將由水路取道八洛[56]，經過貫洞、龍圖，往黎平推進，便決定利用寬闊的八洛河水給皇帝的軍隊一次狠狠打擊。吳勉拿著趕山鞭選中岩石最多的宰茅，把岩石像豬羊似的趕著往前跑。這時，半路上有塊巨大的白色岩石似走非走，擋住了其他岩石的去路，吳勉見了很生氣，就朝它狠狠地抽上一鞭，它竟凌空而起，飛出二百多里，落在另一個侗寨的山頭上，深深嵌入土內。岩石的另一端露在土外，直指藍天。這座山下的那個侗寨就被叫做「豈扒」（侗語，意為白岩石）。

吳勉準備把一塊塊岩石由宰茅趕到江縣的八洛後，築起一道大水壩。到官軍進駐八洛時，再拆壩放水淹死官軍。可是當趕到信洞坎時，碰到一個寨上的姑娘，吳勉就開玩笑地問道：「你見我趕的豬羊走到哪裡了？」那姑娘回答說：「我沒見到豬羊呀，見到的只是一些石頭，漫山遍野地亂滾。」姑娘的話音剛落，岩石頃刻停在原地不

---

56 八洛：地名，在今貴州省從江縣境內，是都柳江上游的一個著名河口。

動，怎麼趕也趕不走了。吳勉氣極了，伸手朝那姑娘一巴掌打去。那姑娘把頭一低，被吳勉的巴掌打偏了頭上髮髻。從此，侗族婦女的髮髻總偏在一邊。

由於岩石在信洞坎再也不走了，所以至今那裡儘是高聳、延綿、險峻的石山。侗族人民就把那些延綿不斷的石山叫做「吳勉岩」。

射箭、趕山相繼失敗，但沒有動搖吳勉的鬥志和決心。他繼續帶領起義隊伍直接和官軍交鋒，多次打敗皇帝派來的軍隊。但終因力量懸殊，不得已且戰且退，後來被包圍在黎平縣南面的嶺遷寨上。吳勉在嶺遷寨上隨手拿了一根樹苗倒栽在地上，說：「如果這棵倒栽的樹能夠活，我就不會死；如果這棵樹苗栽不活，那麼走到哪裡也活不成。」誰也未想到，這棵倒栽的樹真的活了，大家與敵人鬥爭的意志也更加堅定了。於是吳勉利用黑夜敵人疏於防守的空隙，帶領起義隊伍突圍，安全轉移到另一個寨上。直到現在，嶺遷寨上還長著一棵古老而奇特的大樹，遠遠望去只見樹葉都像從地下長出來的，樹的根部卻在頂上。這棵樹，群眾就叫它「吳勉樹」。

有一次，吳勉因病被官家捉住了，皇帝下令立即把他處死。府臺害怕群眾劫法場，急將圍在刑場上的眾人攆散，準備行刑。吳勉趁著混亂的機會悄悄對寨上一個老人說：「你告訴眾人不要悲傷，我是殺不死的，他們砍下我的頭後，只要我媽把我的名字連喊三聲，我又會活轉來的。」官家不知吳勉有這種本領，砍下了吳勉的頭，府臺就洋洋得意地走了。寨上老人把吳勉的囑咐傳給他的母親，吳母按照兒子的話，連喊三聲，說也奇怪，第三聲剛喊出口，吳勉被砍下的頭又飛到了他的頸子上。吳勉一躍而起，同常人一樣，頸子上連刀痕都沒有。

皇帝聽到吳勉死而復活的消息，大為驚慌，又派重兵前來捉拿。吳勉選中口團這個地方作根據地，那裡有山有水又有大田壩。吳勉號召當地侗族人民多種莊稼多養豬。他親自用石頭鑿成一個大的豬食盆來帶頭餵豬。很快，這一帶變成了魚米之鄉。官兵打了幾年，硬是打不贏吳勉，制服不了侗家。於是，官家就想出了另一條毒計。派奸細混進侗寨，暗暗把毒藥放在各家的豬食盆裡。但是投入吳勉豬食盆裡的毒藥卻沒有效用，他餵的豬仍然膘壯肉肥。吳勉叫寨上群眾將自己豬食盆裡的豬食，灌那些被毒死的豬，那些豬又都活轉來的。吳勉告訴大家，豬死了不要緊，「豬食盆還在，糠滿豬又來」，只要保住豬食盆，就不怕敵人放毒。據說，吳勉的豬食盆至今還保留在口團寨上。

　　吳勉率領的農民起義軍和官家軍隊打了七八年，官軍死傷無數，起義隊伍也有不少傷亡。吳勉覺得這樣打下去不行，便把起義隊伍暫時分散在深山裡，自己就去信洞坎的大石洞裡練神兵。吳勉練神兵已經四十天了，一切都很順利，再過九天，這些神兵就可隨他出征。這時，吳勉的姐姐來看望他。石洞中沒有什麼菜招待，吳勉決定出去打個野雞或野兔，臨走時，再三叮囑姐姐不要推開洞內那座石倉庫的門。吳勉走後，他姐姐在洞裡到處觀望，走到倉庫門前，見門壁沒有上鎖，又突然聽到裡邊隱隱發出馬蹄奔跑的聲音，接著又是一片吶喊。她很奇怪，心想，山洞裡怎會有人喊馬叫呢？好奇心使她把吳勉的叮囑忘得一乾二淨，決定進去看一看。哪知倉門一打開，裡面的騎兵一衝而出，為首的還打著一面寫有「吳」字的大旗。接著騎兵越出越多，成千上萬，漫山遍野列為兩隊，互相衝殺。這裡，天空飄來一片烏雲，落下傾盆大雨，淋得兵馬滿身濕透，紛紛倒地。仔細一看才發現，原來都是一些紙人紙馬。她正目瞪口呆，吳勉趕回來了。吳勉

看見飄落滿地的紙人紙馬和姐姐受驚嚇的那番樣子，已知她私自開過倉門了。吳勉嘆息說，這些神兵都是他剪的紙人紙馬，已經練了四十天了，剛在紙人紙馬身上塗了桐油，只要再在倉內幾天，等到陰乾就能出來助戰了。如今桐油未乾，怎經得起風吹雨淋呢？眼前時機已失，只有重新再練了。

吳勉訓練神兵失敗，只好轉移到另一處深山去。

官軍包圍吳勉的住地很久，卻聽不到他的消息，搜遍信洞坎大大小小山岩石洞，連影子也找不到。為了報功，只得欺瞞皇帝，說吳勉已經死了。

時間一年年過去，吳勉還是杳無音信。去信洞坎探詢的人回來都講，那裡對面懸崖上有一扇大石門，石門留有一條可容單人側著身子進去的門縫，洞裡面金盃銀碟，寶石璣珠，遍地金光。

這個消息被貪得無厭的府臺知道了，他親自帶領一批衙役來到信洞坎，一個個側著身子從石門縫進到洞裡，把裡面的金銀寶貝裝了幾十口袋。可是那道門縫立即由寬變窄，沒有一個人能出得去。府臺在洞裡急得直跳，連忙喊洞外的人去找石匠來，把石門鑿大一些。但是，當石匠的鑿子剛剛接觸石門，「轟隆」一聲巨響，洞門上的石縫合攏了。貪心的府臺和隨行的奴才們永遠被關在洞裡，再也不能出來了。據說，現在還能看到信洞坎上那扇宛如大門的巨石呢。

幾百年來，人們一直盼望著「石門重開日，吳勉就出來」的奇蹟。

口述者：楊明桃　李如壁　陳士貴

蒐集整理者：楊國仁

找歌的傳說[57]

從前，侗家沒有踩歌堂，過節時沒有歌唱，也沒有舞跳，日子過得像煮菜沒有放鹽一樣淡。

後來，有人提議：湊點錢請人到天上討些歌來唱吧！大家贊同，很快把錢湊齊了，就公推熱心替眾人辦事的金必去討歌。

金必不分晝夜，長途跋涉，走了很久，才來到天上。

金必見天門緊閉著，就在門外喊了一聲：「開門！」哪料裡面沒有動靜，天門還是緊閉著。

金必又喊了一聲「開門」，頓時天門前塵土飛揚，但門仍然緊閉不開。

金必又用力氣喊了一聲「開門」，天門才吱吱呀呀動了。

看守天門的雷母娘娘慢騰騰地走出來問道：「誰在門外大喊大叫？」

金必答道：「是我。從地上來的。」

「來做什麼？」

「來討歌的。」

---

57 本文選自《侗族民間故事選》，上海文藝出版社，1982年版。選定者：陳平。

金必話音剛落，天門打開了。雷母娘娘說：「你自己到歌堂去看吧！」金必走到歌堂，看見許多仙女正在唱歌跳舞。金必看呀看呀，越看越愛看，一連看了七天。

天上一日，地上一月。地上的人等了七個月還不見金必回來，又派相金、相銀和古賽三人上天尋找金必。

天上的歌舞種類很多，各種歌都悅耳動聽，金必樣樣都想學，一下子怎麼學得完呢？正在這時，相金、相銀和古賽來了。金必好喜歡，就帶他們一起去討歌。

他們問仙女，仙女說：「你們去找歌師吧！」

他們去找歌師，歌師說：「我不能做主，你們去問天上管事的老人吧！」

他們找到了天上的老人。一幫老人正在鼓樓裡圍著火塘抽菸。金必上前，恭恭敬敬地說：「我們是從地上到這裡來討歌的，請給我們一些歌吧！」

老人喊喊嚓嚓商量了一番，一個白鬍子老人開口了：「地上的年輕人，給你們一些耶歌吧！但是，你們要討三百兩銀子給我們修鼓樓。」

金必滿心喜歡，四個人商量一下，說：「好，就給三百兩銀子。不過歌，你們要給最好聽的，要多給一些。」老人說：「只要你們拿得動，儘管拿好了。」他們把銀子給了老人，用兩根粗槓子把歌抬走了。

歌是用籐條綁在木槓上的。他們走出鼓樓不久，籐條鬆了，歌從

槵子上掉了下來，撒滿一地。他們趕忙歇腳，把歌撿起來，又用包頭巾把歌牢牢綁緊，繼續趕路。

他們走過曲曲折折的巷道，走到天門外高高的石階時，突然吹來一陣狂風，包頭巾被風颳跑了，歌被吹得無影無蹤。他們從天上一直找到地上，到處找遍，就是找不到。

他們見人就問：「砍柴的老人家呀！見到我們的歌了嗎？」

砍柴的老人回答：「沒有看見哩，你們去問問別人吧！」

他們又去問一個放牛的牧童：「小兄弟！看見我們的歌沒有？」放牛的牧童搖搖頭。

他們又去問河邊洗衣的婦女：「嫂嫂！你看見我們的歌沒有？」

洗衣的婦女也搖頭說：「沒有看到。」

他們繼續往前找，肚子餓了，摘野果吃；口渴了，捧山泉喝；睏倦了，就靠在樹腳打個瞌睡。找呀找呀，他們來到一條大江邊，發現就在附近龍潭裡有個東西閃閃發光。金必想：莫非歌掉在這裡了。

四個人跑到江邊細看，龍潭裡的水綠幽幽的，那亮光光的歌正好夾在石縫裡。金必望著深潭，乾著急。

這時，一隻水獺游過來。金必喊：「水獺大哥，請幫我們到潭裡把歌取上來。」

水獺說：「可以可以，只要你們答應我一件事，准我到你們田裡去吃魚。」

四個人商量一陣，答道：「我們田裡有的是肥鯉魚，只要你幫我

們把歌扛上岸來，准你到我們田裡去吃魚。」

水獺一頭躥到潭底，把歌取了上來。他們謝了水獺，捧著歌高高興興地回家去了。

四個人後來到處去傳歌。金必、相金、相銀是侗族人，古賽是苗族人，從此侗家有了歌，苗家也有了歌。歌是他們一起到天上去找來的。所以侗家、苗家的歌有些相近。但因為各人分得的歌不同，侗歌和苗歌也不相同，連各地的侗歌也不完全一樣。

後來，侗家人人都學會了唱歌。侗歌，就這樣傳下來了。侗家逢年過節都要唱歌跳舞，這就是有名的踩歌堂。

口述者：培　光　卜　憲
蒐集整理者：華　謀
蒐集時間：1963年

第四章

瑤族

創世神話

密洛陀[58]

是誰造成天地和人類的呢？用什麼來造？經過又怎樣呢？

幾萬年以前，密洛陀用師父的雨帽造成天，用師父的兩隻手和兩隻腳作四條柱，頂著天的四個角，用師父的身體作大柱撐著中間，造成了天地；接著，她又造大河、小河，造花草樹木，造魚蝦和牛馬豬雞鴨……

密洛陀叫諳恩造山。休息的時候，諳恩取火燒煙，不小心失了火。大火燒掉了所有的樹木花草，地面變成了光禿禿一片。密洛陀知道以後，很傷心，她用白布、黑布鋪蓋地面，但已不像原來的樣子了。她就叫牙佑帶著銀子，走了很遠很遠的路，買回樹種，然後拿上山去撒，順著大風撒遍了山山嶺嶺。

有一次，牙佑走上山坡一看，樹種都發芽長成小樹了，回來告訴密洛陀。密洛陀聽了非常高興。

第二次，牙佑從山上回來對密洛陀說：「樹木開花結果了，果子又紅又大，我摘了一個來吃，又甜又香，好吃得很。這麼多的果子派誰去看守才好呢？」密洛陀聽了，就派野狸、白面去看守。

第三次，牙佑從山上回來告訴密洛陀：「樹木都長成大材了，可以拿來起房屋囉！」密洛陀就同牙佑、諳恩商量，邊砍樹邊運到「六

---

58 本故事流傳於廣西巴馬瑤族自治縣。本文選自蘇勝興等編《瑤族民間故事選》，上海文藝出版社，1980年版。選定者：藍田。密洛陀是瑤族最高神，因此，瑤族人都信奉密洛陀，但居住地不同故事的情節也不同。這是一種異文，情節大同小異，卻各有發展，故選這一篇，供研究者研究。

里」起房屋。不久，砍下許多樹，起房子用的大柱、中柱、小柱……都做好了，但是不懂得怎樣鋸開木頭。大家幾次商量，都沒有想出個辦法。一天，牙佑走到一個山坡上，看見芭芒葉子上有一隻大蝗蟲，後腳上的刺又尖又利，能刺破東西，便伸手去捉。蝗蟲捉到了，但因為不小心，自己的手被芭芒葉割了一道口子，鮮血直流。他不顧疼痛，心裡很高興。他想：如果用鐵打成芭芒葉和蝗蟲後腳的樣子，不是可以把木頭鋸開嗎？他把這兩樣東西拿回來，模仿著打成鋸子。鋸子做成了，鋸好板子，房子很快蓋好了。

有了房子住，密洛陀要造人了。她先用泥土來造人，沒有造成，卻造出了水缸；她拿米飯來造人，卻釀成了酒；她拿芭芒葉來造人，卻造成了蝗蟲；她拿南瓜、紅薯造人，又變成了猴子……

經過多次失敗，她覺得，要造出人，必須選個好地方。叫誰去看地方呢？第一次，她派一隻聾豬去。聾豬到了山坡上，老是去拱土找蚯蚓吃，吃飽了就回來了。密洛陀很生氣，用棍子打它，正好打在耳朵上，聾豬便跑了出去。第二次，叫野豬去，野豬走到半路，也是拱土找紅薯、木薯吃，沒有去看地方。密洛陀用鍋裡的開水潑它，它被開水燙脫了皮，也跑出去了。第三次，派狗熊去。狗熊到了半路，看到很多螞蟻，用腳扒來吃，吃飽了便回來了。密洛陀正在染布，見狗熊回來，一生氣就用藍靛水潑它，狗熊被染成一身黑，也跑出去了。第四次，她叫獐子去。獐子到了山坡上，見了又嫩又肥的青草，只顧吃，把看地方的事丟到一邊了。當獐子回來時，密洛陀正在燒火，順手抓起一根燃燒著的柴火打過去，正好打在獐子的肚皮上，燎起了一個泡，它就跑出去了。

密洛陀派了四隻走獸出去，都沒有幫她找好地方；她又派四隻飛

鳥出去。第一個是啄木鳥。它飛到樹林裡，只管趴在樹上找蟲吃，吃飽了便回來。密洛陀見了，一手抓起花背帶打過去，打在它的背上，啄木鳥被打得著了慌，只顧飛逃，背帶在背上也不管了，所以啄木鳥的背是花的。第二個派長尾鳥去。長尾鳥到了山坡上吃野絲瓜，它回來時，密洛陀氣得一箭射去，正好射中尾巴，它顧不了疼痛，夾著箭只管飛，所以長尾鳥的尾巴很長。第三個是烏鴉。烏鴉飛到一個地方，看見火燒山，它便在上面飛過來飛過去，尋找被燒死的東西吃，全身都被燻黑了。它回來時，密洛陀很生氣，便將一顆石子塞進它的嘴裡，烏鴉噎得難受，但又叫不出，只是「哇哇」地亂叫著飛走了。第四個是派老鷹去。老鷹吃過早飯，又帶上午飯，飛上天空，找呀找呀，好容易找到了一個最稱心如意的地方，才飛回來。

密洛陀隨老鷹去察看。啊！這個地方，確實是個好地方：氣候溫暖如春，杜鵑花滿山開放。她走到樹林裡，在一棵樹下停下來，見到蜜蜂在樹洞裡做窩。蜜蜂們正在繁忙地送回花粉，個個勤勞可愛。她就將那棵樹砍下來，連樹帶蜜蜂窩一起扛回，然後裝進箱子裡。過了九個月，密洛陀聽見箱子裡哭呀叫呀，熱鬧得很。啊，這回成了！她打開箱子一看，見一個個蜜蜂都成人了，不禁叫喊起來：「成了！成了！」這群人哭哭鬧鬧，像是餓了。可是，拿什麼東西給他們吃呢？密洛陀急得團團轉，想了好久，終於想出了好辦法：「噢，有啦！有啦！」她用水把這群小娃仔一個個洗乾淨，做抱褸把他們包好，然後用自己的奶水餵他們。

這些人一天天長大起來了。他們長大以後，分別到各個山頭建村立寨、開山種地。從此，村村寨寨冒起炊煙，山山梁梁長滿莊稼。他們就這樣勤勤懇懇、高高興興地過著男耕女織的生活。

口述者：藍有榮

蒐集者：黃書光　覃光群

整理者：韋編聯

開天闢地的傳說[59]

早先，天很矮，中大人[60]沿著大樹往上爬，很容易就可以爬到天上去玩。

那時候，管天水的是水仙姑，掌管上大人[61]的玉帝叫她隔不久放點水到地下去，供中大人吃用和種莊稼。

一天，水仙姑剛把天塘的流水口打開，地上一個小夥子沿著大樹爬到天上來玩。水仙姑見小夥子長得既英俊又健壯，心裡立刻產生了愛慕之情；小夥子也很喜歡水仙姑，兩人便對起歌來。唱啊唱啊，把周圍的一切事情都忘了。

太陽快落山時，小夥子覺得肚子餓了，便對水仙姑說：

「天快黑了，我該回家吃晚飯啦，明天再上來跟你玩。」

水仙姑依依不捨地送小夥子到天門，快分別時，她低頭往下一望，嚇了一大跳，原來地上全被大水淹沒了。這時她才想起自己只顧唱歌談愛，忘了堵天塘的流水了。小夥子回地上去是不可能了。水仙

---

59 本故事流傳於廣東連山油嶺。本文選自《瑤族民間故事選》，上海文藝出版社，1980年版。選定者：藍田。

60 中大人：地面上生活的人。

61 上大人：天神。

姑忙去堵了流水口，提心吊膽地領著小夥子朝自己家裡走去。剛走到家門口，便聽見玉帝在堂屋裡暴跳如雷地對她父母說：

「你們的女兒把中大人全都淹死了，你們知道嗎？」

水仙姑的父母祈求玉帝說：「小女年幼貪玩，懇求萬歲寬恕。」

玉帝說：「殺人抵命，欠債還錢，這是天條上明文規定的。除非你們把地面上的一切生命都恢復過來，不然我決不輕饒。」

聽了這些話，水仙姑嚇得臉都變青了，立刻拉著小夥子的手逃跑了。

六天過去了，水仙姑的母親見女兒還不回來，便難過地對丈夫說：「女兒這麼久還沒回來，我們去找找她吧，不然她會死的。」

水仙姑的父親原先很生水仙姑的氣，埋怨她不該貪玩誤事，闖了大禍。但女兒終究是自己心上的肉啊，如今聽老伴這麼一說，氣也消了，說：「好吧，先把她找回來，然後再商量下一步怎麼做吧！」

他們找啊，找啊，終於在月宮的桂花樹下找到了。水仙姑和小夥子正依偎在桂花樹下談情說愛呢。水仙姑的父母見女兒不僅沒有餓死，而且身旁還有一個年輕英俊的小夥子，立刻轉憂為喜，上前對小夥子說道：「我們以為中大人全被淹死了呢，想不到還剩下一個。這回好了，你把水仙姑帶下去吧，我們送給你們一百二十斤穀種和一百二十斤芝麻種，你們拿到各地去撒，撒一把，吐一泡口水，地面上的一切生物就可以重新恢復了。」

小夥子聽了，立刻跟隨岳父岳母去取穀種和芝麻種，拉著水仙姑的手，歡歡喜喜離開天上，回到大水剛剛消退的地上。他們把穀種和

芝麻種分頭撒在地上，每撒一把種子就吐泡口水。

轉眼間，小夥子撒的穀種就變成了男人，撒的芝麻種便變成各種各樣雄性的動物；水仙姑撒的穀種變成了女人，撒的芝麻種就變成各種各樣雌性的動物。

大地上一切生命又都恢復了。水仙姑拉著小夥子的手上天去向玉帝報告，請求寬恕他們的過錯。玉帝低頭往下一望，果然看見萬物茂盛、人丁興旺，便原諒了他們。但玉帝怕地面上的人再度上天來找麻煩，便把天升得高高的，同時不准水仙姑和小夥子再下到凡間去了。

從此，天便像現在一樣的高，地面上的人再也沒法上到天上去了。

講述者：唐　丁　喬二公
蒐集者：廣西民族調查組
整理者：廖國柱

天上掉下的肉碎

傳說，很古很古的時候，世上沒有人。有一天，盤母莎方三生下一個肉團。盤王很生氣，當晚就把肉團砍成碎塊，然後從天上撒向大地。

不料，第二天，這些碎肉都變成了瑤人。掉在火爐塘裡的就姓唐；掉在房上的，就姓房；掉在盆裡的，就姓盤；掉在李子樹上的，就姓李；掉在凳子上的，就姓鄧；掉在枕頭上的，就姓沈；還有，掉

在雞籠上的，就姓龍；掉在籮筐裡的，就姓羅；掉在灶頭上的便姓趙。

這就是瑤人的來歷。

蒐集者：龔政宇

密洛陀神譜[62]

密洛陀造天造地的時候，有一批男神和女神做她的助手。這些輔助她的男女神，造好天地、萬物之後，她都論功行賞，封他（她）們為各種神，管理著各種事業。

（1）山神阿亨阿獨：密洛陀造天造地時，令阿亨阿獨去造山。她對阿亨阿獨說：「阿亨阿獨，你是個男神，你就去造山吧！要造出高山把大風擋住，要造出峻嶺把大風攔住。」

阿亨阿獨遵照密洛陀的命令，趕到洛立墈防，用手捏泥塊土團，堆成千山萬嶺。然後，他喝令石山土嶺各奔東西，尋找各自的位置。那些石山土嶺便忙著各奔前程。可是，走到一半，它們走累了，全都躺下來不再動彈了。阿亨阿獨一時沒了辦法，只好用扁擔把一座一座山挑到各自位置。可是，有些石山太重，挑到一半，扁擔突然斷了，他只好用木撬來撬。

因為又挑又撬，所以現在桂西的山才出現了岩洞和白崖。岩洞是

---

62 藍田根據依學冠等撰寫的《瑤族神話傳說中的人物》編寫。選定者：王松。

阿亨阿獨挑山的痕跡；白崖是阿亨阿獨撬山的痕跡。

密洛陀為了不忘他造山的功勞，便封他為山神。

（2）水神波防密龍：在阿亨阿獨造好山之後，水淌不出去，密洛陀就令波防密龍去開闢江河，鑿通河道。波防密龍立刻離開了洛立塽防，越過千山萬嶺，邊走邊開河道。他先用腳拇指犁過地面，造出深溝河床；他的大腳踩過的地方，就變成湖泊和水塘；遇著山嶺，腳拇指犁不動，就用雙腳掰開，使地裂開縫縫，這樣一來，便形成了山洞溪流，出現了地下暗河；他有時又用木撬把群山鑿通，形成一條條又長又寬的山裡河流；遇到水一時流不出去的時候，他又用耳朵舀水，用鼻子汲水。波防密龍就是有這種本領，所以，他終於鑿通了河道，開闢了江河。他回到洛立塽防之後，密洛陀論功行賞，就封他為管理水的水神。

（3）匠神洛班炯公：河道造好之後，密洛陀見山河堵隔了世界，大地沒有道路，她便令洛班炯公去鋪路架橋。洛班炯公奉命立刻離開了洛立塽防，開始鋪路架橋。亂石碰腳他踢開，小丘擋道他扒掉。算得上是披荊斬棘，填窪埋坑，便造出一條條道路。他又用手提起千斤大石，劈開大石，立橋墩、豎雙腿、架橋梁、展雙臂，一日砌橋萬座。他後來又為人類造房屋。密洛陀論功行賞，封他為匠神。他就是魯班。

（4）林神雅友雅耶：雅友雅耶見山水道路都造好了，就是光禿禿的，很是難看，便不等密洛陀下令，主動向密洛陀請求去造林。密洛陀大喜，立刻同意了。雅友雅耶便騎著他的神馬，飛往碟線原規，請求造草木女神幫助，買來了樹種、竹秧。他又騰雲駕霧，飛到各地去播種造林。密洛陀便封他做林神，管理大地上的林木。

（5）雷神阿坡阿難：阿坡阿難受密洛陀之命，背著神鼓神鑼，升上天空去敲鼓打鑼，聚雲而雨，養育萬物。後來，又為密洛陀誘殺虎精，密洛陀就封他為雷神。

（6）報信之神懷波松：懷波松奉密洛陀之命，每天去千山萬水間察看樹苗竹秧生長情況，然後向密洛陀報信，十分辛苦，密洛陀便封他為報信之神。

（7）獸神格防則依：各種東西都造好了，密洛陀見山林裡靜悄悄的，沒有什麼生氣，便令格防則依造出百獸，放進山林裡去。格防則依便用泥土捏成泥團，放在缸裡，密封十二個日夜後，揭開一看，只見缸裡吵吵嚷嚷，有的長出四隻腳，有的長出了翅膀，吼吼叫叫、嘰嘰喳喳。格防則依把它們放上天空，撒進山林，它們便變成了鳥獸；有些既不會飛，也沒有腳，只是蹦蹦跳跳，格防則依便把它們放進水裡變成了魚蝦。從此，世間才有了千禽萬獸，十分熱鬧，萬類競生。密洛陀封格防則依為獸神。

（8）土地之神勒則勒郎：勒則勒郎奉密洛陀之命，去為未來的人類造良田、種莊稼。勒則勒郎吃飽了一頓米飯，就去開荒。他一口氣乾了十二年，開出了一片片良田，又把密洛陀給他的苞穀種子播下地，那種子竟長出六種作物：上頭長的是穀子，中間長的是苞穀，根根長出芋薯，葉子成了煙葉，稈稈都是甘蔗，苞穀絲成了煙絲，一年四季收不完。勒則勒郎只好規定六種作物不能在一起生，也不能在一個時間長。從此，各種作物才分開，各按節令生長。密洛陀便封勒則勒郎為土地之神。

（9）書神郵友郁奪：郵友郁奪奉密洛陀之命，去給萬物取名字，卻把郵友郁奪難住了。他只好去找漢族的書家尚則依郎幫忙。在

尚則依郎的指導下，郵友郁奪一天走了一萬兩千里路，給一萬兩千種物體取了名。從此，萬物有了名字，才能分出種類。密洛陀便封他為書神。

（10）桑勒耶兄弟的功績：桑勒耶和他的弟弟桑勒宜兩個神做了許多好事，例如：密洛陀十二個女神中最小的滿妹墜下崖子摔死了，是他們兄弟倆將她抬到月亮裡去埋葬的。又如，那時有十二個太陽和十二個月亮，把大地曬得乾旱異常，萬物都無法生存了，密洛陀命兄弟倆去設法解決。兄弟倆便製了毒箭，奔赴天宮去，射下了十一個太陽和十一個月亮，又為了避免剩下的一個太陽和一個月亮「再婚」，再生出太陽和月亮，兩兄弟硬是堅持守天庭，把他們分隔為日夜出來。再如，他們兄弟回到人間之後，又奉命製造裸蜂，卻不幸他們自己變成了裸蜂。因此，密洛陀沒有封他們為神。但瑤家為紀念兄弟倆的功績，在過祝著節祭密洛陀時，同時也祭他們兄弟倆。

（11）獵神桑勒山：在桑勒耶和桑勒宜兩位英雄到天庭射日月的時候，一時沒有了消息，密洛陀便派了桑勒山上天去尋找。但是十二層天門關得緊緊的，他便用十二支箭射開了十二層天門；又射出一箭，射穿了十二根金柱。後來，他與桑勒耶對射箭鏃，兩鏃相碰而不傷人，表現出高超的技藝。後來，他又遵從密洛陀之命，射死了餓虎、餓狼和變幻莫測的獸妖。密洛陀便封他為獵神。

（12）格樣賒樣：雅友雅耶騎神馬去造林時，神馬不力，密洛陀便令格樣賒樣去為神馬製作神翅和神尾，從而使神馬生龍活虎，力氣無比。後來，又給匠神洛班造鋸造斧。按他的功績，應封為冶煉神，卻沒有被列入十二男神之列。

密洛陀創造了十二個創世男神（其中桑勒耶和桑勒宜為兩神），

又創造了十二個創世女神。中間有些創世神既不歸入創世男神，也不歸入創世女神，如育種女神碟線原規就是一例。又如「禽王」山鷹，密洛陀要造人類時，她先派聾豬、長尾鳥和烏鴉去尋找繁衍人類的地方，都失敗了，後來派山鷹去。山鷹找到了格魯蘇，認為適合於造人類，但卻被阿亨阿獨占據了。阿亨阿獨這時已叛離了密洛陀，反而把山鷹抓起來關了十二年的山牢。十二年後，山鷹逃出山牢，回去報告了密洛陀。密洛陀十分生氣，就賜給山鷹鐵嘴和鐵爪，令它去擒拿阿亨阿獨。山鷹終於抓著阿亨阿獨，把他也關了十二年，後來他認了罪。密洛陀為了表彰山鷹的功績，封它為禽王，而沒有歸入創世男、女各十二神之列，大概是因為沒有血緣關係的緣故吧。

密洛陀創造了十二個創世女神，都是以「姊妹」相呼：大姐花也伢，是為男神們外出創世時負責早起做飯，在密洛陀造人時，去採花粉做蜂蠟、造人缸，負責育人。二姐花宜伢，協助大姐燒火做飯，積極採花粉。花三伢的主要職責是為大姐、二姐準備柴火，造人時，負責捏蜂蠟為人形。四姐花發練，協助三姐到野外將柴火挑回家，造人中充當接生婆。五姐喂伢昂為二姐舀水做飯，負責餵奶。六姐喂牙背，負責挑水，給小孩穿著打扮。七姐喂伢輕負責看管雞羊和莊稼，是保護神。八姐喂剎東負責養豬、找豬食，被封為豬神。九姐喂償舊，上山採藥、熬藥，給十二個男孩和十二個女孩沖洗和服用，被封為藥神。其餘三位女神花炯伢和花依伢、花玉伢都被密洛陀命令去造蟲類，採集萬種樹葉埋進土坑，十二個日夜之後，便造出了蛇、蚯蚓、蜈蚣、毛蟲、蛀蟲、馬蜂、黃蜂、螞蚱、蒼蠅……花玉伢因採葉摔死了，傳說，後來就變為蜜蜂和岩蜂，卻仍然被封為第十二個創世女神。

這就是密洛陀的十二個創世女神。

密洛陀創世[63]

一、密洛陀造天

遠古時候，沒有天，沒有地，只有一個聰明的師父。師父吹了口氣，造成了一條巨龍，巨龍吹了口氣，變成了大風，大風吹呀吹呀，便懷了孕，生下了密洛陀。

密洛陀是第一個女神，她剛生下，她的師父就死了。師父臨死的時候，就吩咐她，要她造天、造地，造就萬物，造出人類，造出一個美麗的世界。可是，密洛陀孤零零的，什麼也沒有，叫她拿什麼去造天、造地、造萬物呢？

聰明的女神看看師父，師父死了，頭上卻還戴了頂雨帽。她就拿來師父的雨帽，朝上一拋，天空就出現了！所以，天空就像一頂雨帽似的。可是，天空飄飄蕩蕩，不穩固，一會落下來，一會飄上去。聰明的密洛陀又看看她的師父，師父死了，直梗梗躺在那裡。為什麼不請師父來撐天呢？於是，她取了師父的手和腳，把師父的雙手雙腳變成四根頂天柱，拉到天的四個邊角，把天撐住；又用師父的身子變成一根大柱子，拿到天的中央，撐住天的中間。從此，天就不飄蕩了；從此，天就穩固了。

---

63 本故事流傳於廣西都安、江水河一帶瑤族地區。本文由藍田根據兩部不同版本的長詩《密洛陀》改寫。

可是，天空黑漆漆的，什麼也沒有。這樣的天有什麼用呢？密洛陀望望天空，長長地嘆了口氣：

天上沒有日和月，
大地一片黑漆漆，
宇宙全凍僵，
怎能造萬物，
怎把人類來繁衍。

密洛陀迎著風懷孕了。過了九千九百年，過了九千九百歲，密洛陀生下一對雙胞胎，密洛陀生下了太陽和月亮。

一個火球天上滾，
一個銀球掛天上。
從此蒼天紅豔豔，
從此世間暖洋洋。

可是，太陽升上了天空，卻站在雲端裡又哭又喊：

密洛陀呀，我的密[64]，

---

64 密：瑤語，即母親。

天上雨冷風又寒，
凍得渾身直打顫，
怎能長久放光輝？

　　密洛陀聽了，十分傷心，她含著淚，撕下幾片彩雲，把彩雲拋向藍天。她說：「紅的雲彩給你做頂帽子吧，白的雲彩就給你做件衣裳，那綠色的雲彩，就給你做件錦被吧。」

　　太陽頭上戴了帽子，身上穿了衣裳，晚上還有被蓋，該不會冷了吧；可是，太陽還在哭，還在叫：「冷啊，冷啊！」密洛陀十分傷心，她迎著風，一連生了十一個太陽。現在十二個太陽呀，一起掛在天上。從此，太陽不再哭、不再叫了。

　　月亮升起來了，也站在山頭上流淚痛哭；

密洛陀呀，我的密，
天底茫茫夜風寒，
只我一人孤單單，
難灑光芒到人間。

　　密洛陀聽了，十分傷心，她順手抓了一把閃亮的珠子，輕輕往藍天一拋，對月亮說：「媽給你選了萬顆星，伴你走夜路，從此，再不會孤零。」可是月亮還在哭，還在叫：「寂寞啊，寂寞啊！」密洛陀十分傷心，她迎著風，又一連生了十一個月亮，一起掛在天上。從此，月亮不哭了，月亮不叫了。

密洛陀仰著臉，望著藍天，吩咐她的兒女道：「日月啊，你們聽著：你們是兄妹，不能做夫妻，各自走一方，只准三年見一次面。」

從此，日月互相追逐，離開了密洛陀，「路遙八萬里，呼不應呀，叫不回」。

二、密洛陀造天地

造好了天空，密洛陀要造大地了。有了天，卻沒有大地，哪裡像個世界啊？可是，怎麼造呢？她這才發現，她剛剛造好的天，下面緊緊地黏著一層地。密洛陀找到了上下的裂縫，走到裂縫的中間，雙肩往上一頂，兩腳往下一踩，再加雙手一掰，上緣的天便升高九千丈，下緣的地同時也下沉了三千尺。天和地這才分開。可是，那地不像地，到處是水連天、天連水，沒有樹木，沒有生物。

要造大地，比造天更艱難啊！她已老了，沒有力氣去開闢大地了。

這時，她才想起了她的九個兒子。她走到山上，迎著山那邊吹來的一陣大風，她懷了孕，不久就生下了九個弟兄。可是，九弟兄生下之後就各自謀生去了，如今也不知失散在哪裡。是啊，該由他們來開創大地。她便掄槌擂起了大鼓。

大鼓咚咚響，
九十九響天外傳——

第一個九響傳老大，老大的名字叫卡亨[65]，叫卡亨快快到媽媽的跟前；第二個九響傳老二，老二的名字叫羅班，羅班快快來到媽媽的跟前；第三個九響傳老三，老三的名字叫昌郎也，昌郎也快快來到媽媽的跟前；第四個九響傳老四，老四的名字叫哈昂，哈昂快快回到媽媽的身邊；第五個九響傳老五，老五的名字叫布桃牙幼，布桃牙幼快快回到媽媽的身邊；第六個九響傳老六，老六的名字叫山拉把，山拉把快快回到媽媽的身邊；第七個九響傳老七，老七的名字叫花密樣，花密樣快快回到媽媽的身邊；第八個九響傳老八，老八的名字叫昌郎初，昌郎初快快回到媽媽的身邊；第九個九響傳老九，老九的名字叫傳岩，傳岩快快回到媽媽的眼前。

　　　九個兒子久走散，
　　　個個兒子成了神。
　　　九個兒子並肩站，
　　　好比一排巍峨山。
　　　腳踏大地陷一丈，
　　　頭頂藍天肩挨日。

　　密洛陀見了九個兒子，樂得笑逐顏開，她對九個兒子說：

---

65 莎紅整理的密洛陀的九個兒子名字不同，如第一個兒子叫阿波，第二個兒子叫布農，這裡用的是潘泉脈整理的古歌《密洛陀》中的名字。

我要創造新天地，
還要你們共出力。

九個兒子齊聲回答，那聲音就像春雷一般轟隆隆響：

只要阿密出主意，
千難萬險腳下踩。

密洛陀便給他們分了工。老二羅班識水性，密洛陀就叫他去治水。

羅班從北走到南，又從東走到西，越過了千條水，爬過了萬重山，直到腳趾長青苔，直到肚臍都長出了水菌，才回到密洛陀的身邊，對媽媽訴苦道：

密洛陀呀，我的密，
天無涯呀，地無邊，
要治好茫茫洪水，
比登天還要難。

慈祥的媽媽沒有責備孩子，卻鼓勵道：

羅班呀羅班，

我的好兒子。
創造新天地，
要流血又流汗。
憑你一身力，
定能把洪水排乾。

羅班受了鼓舞，便說：「只要媽媽出主意，只要媽媽多方面指點，就是脫了九層皮，我也要把洪水排乾。」

羅班的力氣大過天，他用拳頭當錘子去劈開大山，把雙手當鋤頭使用，開出一道道河流，他決心把大地的洪水排掉。洪水流了三天三夜，可是，卻只流去了一半，還有一半仍然藏在山窩裡。羅班心裡十分著急，急得就像被油煎一般，他沒有工具，只好用他的耳朵當作盆戽水，戽了三天三夜，直到耳朵戽僵了，直到鼻子出血了，直到眼冒出了花，洪水只落了三尺三。羅班不灰心，他又用指甲當戽斗，戽了九天又九夜，直到指甲流了鮮血，洪水只落了九丈九。羅班火了，他雙手抓住地殼，大吼一聲，同時猛的一掀，那地盤立刻向東一傾，漫天的洪水就向東流去，頓時就使大地變得平展展，出現了平原和沙洲。

密洛陀十分高興，她親自來慰問羅班，指出了羅班的成就，同時又指出：

羅班呀羅班，
創世不怕難。

治水還要開河道，
留給人類好揚帆。
開河還要造大湖，
留給人類好澆灌。

羅班聽了媽媽的話，忘記了辛勞和疲乏，又繼續用他的五個指頭來回地耙個不停，洪水便順著河道翻滾著流出去。同時，羅班又用五個指頭，這裡挖挖、那裡挖挖，這裡便出現了寬寬的湖，那裡也出現了寬寬的湖。

密洛陀又派老大卡亨去治山造良田。卡亨往東南走了三遍，又去西北轉了三轉，蹚過了千條河，爬過了萬座山，直到鼻梁上長出了青草，直到頭上長出了樹，才回到密洛陀身邊，對媽媽說：「密洛陀呀，我的媽媽，天下浩渺又荒涼，石山千萬座，土嶺密麻麻，要修道路造良田，比登天還要難。」

慈祥的媽媽沒有責備兒子，她耐心地鼓勵大兒子說：

卡亨呀卡亨，
我的好兒子。
創造新天地，
要流血又流汗。
憑你一身神力，
定能排萬難。

大兒子卡亨十分感動，他說：「只要媽媽出主意，只要媽媽多方來指點，就是斷了十根骨頭，也要修路造良田。」

卡亨便對山揮舞起拳頭，一拳打倒一座山。他舞了三天三夜，打倒了九百九十九座大山。舞得拳頭腫得好像球一樣，鮮血淋淋，自己也不願看。但是，卡亨不灰心，他又用手去扳山，扳了三天三夜，扳倒了九千九百座大山；卡亨又用腳去踢土嶺，踢了三天三夜，踢倒土嶺九百九十座，踢得趾甲全落了，流了一地的鮮血。卡亨心裡急，他又用手搬土嶺，一連搬了三天三夜，搬走了九千九百座土嶺。

千萬座大山被砸倒了，千萬座土嶺被踢翻了，卡亨又拿起扁擔，挑石填土造平壩。

密洛陀親自來慰問，說了許多好話，然後又耐心地指點：

卡亨呀卡亨，
創世多艱難。
搬山還要造良田，
留給人類種米糧。
移山還要修大路，
留給後人常來往。

卡亨聽了母親的話，忘記了疲勞，又馬不停蹄，用腳趾當犁耙，把土地犁松耙成行；又用石頭壘成田基，圍出一壟一壟良田，造出一塊一塊地，留給後人種豆黍。接著，卡亨又在地上點點畫畫，造出了一條條大路，留給後人去趕圩。

三、密洛陀造林

密洛陀造完了天，天像個樣子了；密洛陀造完地，大地還光禿禿的，十分難看。飛禽野獸都有漂亮的羽毛，大地也應該有它的衣裳。她便決定造林子，給大地披上美麗的衣裳。

她把這件事與她的九個兒子商量。九個兒子都說：「種樹要有樹種呀，沒有樹種拿什麼去種呀！」密洛陀這才想起了妯娌，妯娌家裡有樹種，向她去要些樹種就行了。

第二天早上，雞剛叫，密洛陀就起了床，她走出門去想找老大，可是，老大才平了土地，已經很累了，老二才排了洪水，也很累了，她便去找老三昌郎也。她對昌郎也說：「昌郎也呀昌郎也，你到妯娌家去要樹種吧！」

昌郎也答應了。太陽過坡的時候，昌郎也就背著樹種從妯娌那裡回來了。昌郎也是個調皮的人，他把種子放在門外，卻走進屋裡哄騙阿媽道：「密洛陀呀，我的媽媽，因為我不小心，走到半路，一袋種子就掉進河裡，被水沖走了。」

密洛陀聽了很傷心，埋怨兒子道：「昌郎也呀昌郎也，你為什麼這樣粗心，那麼寶貴的種子就這樣丟了。」就為這，密洛陀睡不著，半夜聽見大狗叫，密洛陀走出門去，才看見種子就在門口，她又高興得偷笑，看著種子，好像都在籮筐裡蹦蹦跳跳，就像要跳出籮筐，自己爬上山坡去。

天才濛濛亮，密洛陀就在叫：「昌郎也，你這調皮的傢伙，種子就在門口，你為什麼要騙我！還不快叫你的兄弟們起床。」說著又高興地喊道，「孩子們，今天大家一同去山上。」

九兄弟一起爬上山坡，人人手裡拿著種子，不知如何撒。不久，山上忽然颳起一陣大風，密洛陀忙把種子放在手上，任風吹，任風飄，種子落遍山頂、山腰和山壑壑。

　　過了九個月，春風吹遍山坡，老五布桃牙幼到山上打獵，看見種子抽了芽，忙跑回來告訴密洛陀。密洛陀聽了喜在心頭，笑在臉上。又過了九個月，棵棵幼苗長成樹，密密的樹林蓋滿了山坡，滿山綠蔥蔥，滿坡綠茸茸，樹上掛紅花，滿樹掛金果。打獵的布桃牙幼又急忙跑回家告訴密洛陀：

　　　山上處處是草木，
　　　山上處處是花果。

　　密洛陀急忙上山坡，她看呀、望呀，山上山下確實變了樣，密密的林子長到了天上。可是，不滿足的密洛陀又覺得短缺了什麼。

　　　為什麼沒有東西來採花，
　　　為什麼不見什麼來吃果。
　　　沒有什麼來吃草，
　　　不見什麼東西來做窩，
　　　更不見什麼跑進林子躲。

　　密洛陀立刻就造了一窩窩蜜蜂，又造好了五顏六色的蝴蝶，蜜蜂、蝴蝶爭著採花；密洛陀又造了一隻隻猴子、一雙雙果子狸，猴子

和果子狸都急急忙忙爬上樹去吃金果；密洛陀又造了牛馬和山羊，成群的牛和馬、成群的山和羊都在低頭啃青草。接著，密洛陀又造了老鷹和長尾鳥，老鷹和長尾鳥都來做窩。最後，密洛陀又造了熊巴、野豬、馬鹿、黃猄，所有的野獸都跑進了林子裡。

山上有了樹林，又有了動物，密洛陀想，該是做人類的時候了。可是，造了人類，叫他們住在哪裡呢？對嘞，先應該造好房子。

四、密洛陀造房子

密洛陀要造房子了，可是，她的手上沒有斧頭，她的手上沒有鋸子，她的手上沒有柴刀。

密洛陀打開她的櫃子，把櫃子裡的石頭拿給昌郎也：「調皮的昌郎也，你拿了石頭去給石匠，叫石匠打斧頭，叫石匠打鋸子，叫石匠打柴刀。」老三昌郎也把石頭給了石匠，石匠便打出斧頭、鋸子和柴刀。昌郎也這次倒也很規矩，他拿了斧子去磨，磨了斧子又磨鋸子，磨完鋸子又磨柴刀。斧子磨得像老虎的舌頭，鋸子磨成芭芒葉子一樣，柴刀磨得像泉水一樣明亮。他連忙拿回去給密洛陀，密洛陀看了斧子，又看鋸子，看了鋸子，又看柴刀，密洛陀笑呵呵，大誇調皮的昌郎也聰明又能乾。她立刻叫來九兄弟，吩咐他們：「到六里坡去，在那裡砍樹，在那裡蓋房。」

九兄弟到了六里坡，他們用斧子砍樹，他們用鋸子鋸樹，他們用柴刀劈樹。砍了又鋸，鋸了又劈，劈大樹做柱子、做榫頭，鋸大木做榫條，砍小樹做楔子，割茅草做屋頂，斬竹子編籬笆。太陽過坡之後，九兄弟就扛回了木頭，挑回了茅草。密洛陀笑逐顏開，她要蓋房

子了。九兄弟都問密洛陀：「要蓋什麼樣的房子呢？」密洛陀說：「要造一間大房，要造個千年萬代的大房子。」

密洛陀格外喜歡昌郎也，她又吩咐老三去找長梳，請擇日先生擇個日子好動工。擇日先生擇定是初九，初九是虎日，虎日是吉祥的日子。到了初九的那天，九兄弟全都到了六里坡，房子就造在六里坡。

九兄弟找來了大木頭，先立下了柱子，又要來木板，用木板做牆，牆上又開了窗口。然後又拿了茅草來蓋屋頂，屋頂蓋得滑溜溜。最後用竹子編籬笆，把大房子圍在中間。房子裡擺好了桌凳，又安好了床板。九兄弟走出大房，左看看，右看看，大房子黑麻麻，大房子不光亮。他們跑回去，告訴密洛陀：「密洛陀呀密洛陀，我們造好了大房子，可是，大房子黑麻麻，大房子不光亮。」

密洛陀一聲不吭，她打開了她的櫃子，拿出了亮晶晶的銀水，叫孩子們用銀水去洗柱頭、洗門板。九兄弟用銀水去洗了柱頭，柱頭就洗得光閃閃；又洗了門板，門板洗得亮堂堂。大房子一下子就變得亮堂堂，就像早上剛剛升起的太陽。

大房洗好了，請密洛陀去住。九兄弟砍來了竹子，編好一頂轎子。九兄弟叫來兩個妹仔，抬著密洛陀到六里坡。九兄弟則抬著密洛陀的衣櫃，提著密洛陀的雞和豬，送密洛陀到六里坡的大房子。

密洛陀走出轎門，遠遠地看看大房子，大房子又高又大，大房子又光又亮！她高興地笑嘆：「多好的房子呀，這是千年萬代的大房啊！」房外繞著青山，山下流著長長的河水，水邊有田又有地，有四季開不完的鮮花。

密洛陀帶著九兄弟，高高興興走進大房子，高高興興地住進了

大房子。接著，密洛陀又領著九兄弟開荒種地，低地種穀子，高地種小米。到了九月，穀子黃了，密洛陀叫來了猴子給她看穀子；九月，小米熟了，密洛陀叫來了蚱蜢給她看小米。可是，猴子來了，卻偷吃穀子；蚱蜢來了，卻偷吃小米的葉子。猴子罵蚱蜢：「你為什麼偷吃禾葉？我去告訴密洛陀。」蚱蜢也罵猴子：「是你先偷吃了穀子的，你去告狀我不怕。」猴子不服氣，它就約蚱蜢打架，蚱蜢不怕猴子，猴子當然也不怕蚱蜢。猴子拿起棍子就打蚱蜢，蚱蜢早有準備，「嗖」的一聲飛了起來，卻落在猴子的臉上。猴子氣不過，就朝自己的臉上打去，沒打著蚱蜢，卻一下子打腫了自己的臉，打扁了自己的鼻梁。

從此，猴子的臉就變紅了，鼻子變成了塌鼻子。猴子打不過蚱蜢，就跑到石崖上去了。

五、射太陽

密洛陀生了十二個太陽，那時，天上地下都冰冰涼，可是，現在卻變成了災禍。天乾了，地也乾了，十二個太陽就好像掛在天上的十二個火盆一樣，燒得大河都見到了河床，燒得大樹全部枯黃得快死了，地裡的玉米點得著火，田裡的禾苗躺在地上。

九兄弟看見這慘狀，都哭得淚汪汪，對著密洛陀訴苦道：「密洛陀呀密洛陀，當初，你就不該生下這十二個太陽！這十二個太陽呀，個個都是壞心腸，地上的百樣生物都被曬死了，我們也難免這場災殃，你看看，咋辦吧！」

密洛陀一聲不吭，她也知道，太陽的光太熱，太陽的心太狠毒，日後要是做出人類，也一定會把人都曬死。密洛陀便下了決心，她吩

咐她的九個兒子說：「限你們十二天，要把十二個太陽都射落。」

十二天到了，九兄弟一個個都手持長矛，頭戴石帽，腳穿石鞋，一起走到三岔路口等候著十二個太陽。十二個太陽露臉了，熊熊的烈火燒著天，也燒著了地。九兄弟都舉起手裡的長矛，要捅下太陽，可是，長矛沒捅著太陽，太陽反把他們的長矛燒著了，接著又把他們頭上的石帽子燒爛了，就連腳下的石鞋也被火烤軟了。

九兄弟打不過太陽，反被太陽燒傷。九兄弟心裡害怕，便都轉身往回跑，剛回到家，就哭喪著臉對密洛陀說：「密洛陀呀密洛陀，我們打不過太陽，該咋辦，請你定奪。」

密洛陀一想起將來要造人，心裡就十分著急，太陽射不下來，人類就不能造。她再次下了決心，一定要射下十二個太陽。她便說：「你們看見了吧，山上的草木都被曬枯焦了，唯獨野麻沒有枯黃。你們就去撕下野麻皮，拿來做弓弦；山上的樹木都被曬枯焦了，唯獨剛星木依然綠蔥蔥，你們就去砍下剛星木，用剛星木來做大弓。再看看，山上的草木都被曬得枯焦了，只有大竹的葉子還綠油油的，你們就去砍下大竹修成利箭。」

九兄弟個個點頭，立刻就上山去撕下野麻皮，砍下了剛星木，斬下了大竹，很快就做好了弓和箭。密洛陀又吩咐道：「你們再去上山採草藥，十二種草藥要齊全，把它搗爛，然後塗在利箭的尖尖上。」

九兄弟又去採回了十二種草藥，搗爛了，都塗在箭頭上。密洛陀不放心，叫九兄弟拿來弓箭，對九個兒子說：「你們先試試吧，雞的力氣比太陽大，只有射死了雞，才能把太陽射下。」

九兄弟便把箭搭在弓弦上，「嗖」的一聲響，雞就被射死了。密

洛陀還是不放心，又叫九個兒子去射豬，她說豬的力氣比太陽大，能射死豬，才能把太陽射下。九個兒子又去射豬，豬也被射死了。密洛陀還是不放心，又叫九個兒子去射牛，說牛的力氣比太陽大，只要能射死牛，就能射下太陽。九個兄弟又去射牛，牛也被射死了。密洛陀仍然不放心，又叫九個兒子去射馬，她說馬的力氣比太陽大，只要射死了馬，就能射下太陽。九兄弟又去射馬，馬也被射死了。密洛陀才放了心。

十二天又到了，九兄弟身背弓箭，拿著午飯，雄糾糾地，又來到三岔路口等候太陽露面。沒一會兒，只見十二個太陽騎著十二匹白馬，直朝大地飛奔。九兄弟心頭齊冒火，九兄弟的臉都氣紅了。老大卡亨立刻拉開弓，老二羅班拉開了弦，兩兄弟同時射出了箭，兩個太陽中了箭，只見兩個太陽團團轉；九個兄弟又張開了弦，八個太陽同時中了箭，只有兩個太陽見勢不妙，急忙躲進了山裡。

天上只剩下兩個太陽了，可是，兩個太陽都不發光了。一下子，天上黑沉沉，大地之上呀，也黑森森。

九兄弟一看，又發了慌，急急忙忙往回跑，還沒進門就叫嚷嚷：「密洛陀呀密洛陀，天上剩下的兩個太陽都不發光了，白天黑夜都黑麻麻，連我們也看不見地方，找不著自己的家門了。」

密洛陀十分氣憤，她大罵太陽：「你們為什麼不發光？為什麼不發亮？若再不照人間，就把你的光全都殺光。」

兩個太陽心裡害怕，十分慌張，只好又出來露面，只好又出來發光。十個太陽死去了，兩個太陽冷淒淒，它們就暗暗商量，不如結為夫妻，再繁殖太陽。

密洛陀早就擔心它們結成夫妻，生下孩子，天上都是太陽，所以，早就告訴它們，它們是同骨肉，不能成親。如今，它們又懷了鬼胎，她便拿來個碗，對天上的太陽說：

這個碗碗若是打不爛，
你們就配成婚；
碗碗若是打破了，
你們就得永分離。

　　密洛陀打了一下碗，碗碗打爛了，兩個太陽不能成婚，兩個太陽必須永遠分離，密洛陀便叫它們一個照白天、一個照夜晚。照白天的叫太陽，照夜晚的就叫月亮。

太陽和月亮，
在一個月裡，
才相會一趟，
才見一次面。

　　九兄弟勝利回來了，帶去的午飯染上了太陽的血，拿去餵豬，豬隻嗅了嗅，就走開了。又拿去餵狗，狗聞一聞，也走開了。拿去餵公雞，公雞吃得香，從此，公雞的冠子變得紅豔豔的了。因為它吃了太陽的血，所以，每天太陽出來的時候，都要「喔喔喔」啼叫迎接太陽。

六、殺老虎

密洛陀要造人了，
密洛陀拿來石頭，
放進瓦缸裡，
過了九個月，
石頭卻變成了老虎仔，
老虎跑到白崖上，
老虎躲在山林裡。

密洛陀很是懊惱，她要造人，為什麼卻造出了老虎呢？密洛陀還是要造人，她又拿了一塊石頭，把石頭放進瓦缸裡，過了九個月，石頭成了石仔。密洛陀去種地的時候，石仔就留在家裡，密洛陀回到家裡，卻不見了石仔。密洛陀很著急，立刻出門去尋找石仔。屋前有一條彎彎曲曲的蛇路，密洛陀沿著蛇路去找，走到白崖上，老虎都正在吃東西。吃的是什麼東西呢？她一看，老虎吃的正是石仔。

密洛陀很傷心，密洛陀也十分生氣。她回到六里坡，叫來了九個兒子，氣呼呼地說：「老虎吃人（石仔）啦！老虎要……」

卡亨安慰母親不要傷心，他說：「一定要除了山上的老虎。」第二天早上，他就進山林去了。他一面走，一面想計謀，該怎樣殺虎呢？不覺來到了白崖，便對白崖大聲高喊：「餵，老庚呀老庚，你在不在白崖上？我是來約你去打獵的，跟我去遠方吧！」

老虎聽見卡亨的叫喊，心裡很是喜歡，它便跟卡亨一起去打獵，

一起來到山上。卡亨到了六里坡，就對老虎說：「你在山上等著，我去山下攆。」

老虎爬上坡去，卡亨便在山下放了一把火，大火很快燒到山頂。老虎急忙中撲進烈火之中，烈火燒老虎的鬍子，大火燒老虎身上的毛。從此，老虎的身上便有了一條條的斑紋。火燒過坡去之後，卡亨又把老虎喊：「老庚呀老庚，我正在山下攆，你可見了什麼獵物跑上了山？」

老虎撲了撲身上的火，回答道：「獵物沒看見，卻見大火燒著了我的身，鬍子也被燒光了。」

卡亨假意罵老虎道：「你這笨蛋，看見火，為什麼不快跑？」

老虎沒做聲，回家去了。

第二次，卡亨約它去打獵，這次，卡亨說：「你到下面去等，我在山上攆。獵物下去了，你就用嘴去咬。」

老虎下山去了，卡亨拿起棍子撬起石頭，把石頭滾下山去，還喊著：「來啦！來啦！」老虎看不清是什麼，就用嘴去咬，結果牙咬斷了幾根，滿嘴血淋淋。接著山羊跑下山去了，老虎咬住了山羊，山羊咩咩叫，卡亨跑了下去，喊著：「老庚呀老庚，你把山羊咬住了？」

老虎放下山羊，滿嘴的血。卡亨不做聲，抓住山羊把皮剝了。卡亨又叫老虎去取火燒羊吃。老虎去取火了，卡亨又拿來大石，把大石染上羊血。老虎回來了，卡亨對老虎笑道：「老庚呀老庚，你咬死了山羊，謝謝你的功勞，你就該吃山羊的肉，我只吃山羊的腳吧！」

老虎點點頭，咧開嘴，銜著「肉」就回家去了。回到家，就燒起

一堆火，拿石頭來燒，燒呀燒呀，老是硬梆梆，吃不動。它又去找卡亨。卡亨給他一塊羊肉，老虎吃得香噴噴的，便問道：「羊肉咋燒才好吃？咋煮才香？」卡亨說：「先要架起大鼎鍋，大鼎鍋裡裝滿水，再叫你的孩子都到火塘邊來，叫你老婆提鍋耳，你自己拿了羊肉到樓上，等到鍋裡的水都開了，你就把羊肉大力放下鍋。這樣才煮得熟，這樣才煮得香。」

老虎照著做了，叫孩子都圍在火塘邊，叫老婆雙手提著鍋，鍋下柴火燒得旺旺的。鍋裡的開水正沸騰的時候，老虎捧著大石頭，爬上樓梯口，朝著大鼎鍋擲下大石頭。只聽見「嘣」的一聲響，鍋裡的開水四面飛濺，一下子燙死了孩子，一下子燙死了老婆。

老虎哭了三天三夜，邊哭邊去找卡亨，問卡亨說：「老庚呀老庚，你為什麼欺騙我？老婆孩子都燙死了，還打爛了大鼎鍋。」

卡亨指著老虎的鼻子罵道：「真是好心不得好報，好柴燒爛了灶！我咋欺騙了你？你自己又蠢又笨，煮開了水，才放羊肉，怎麼能不燙死它們，怎麼能不打爛大鼎鍋！」

老虎沒話說，抱著頭，嗷嗷地哭著回家去了。又過了三天，卡亨又來約它去打獵。卡亨把一塊燒好的獸肉綁在自己的大腿上，走到樹蔭下歇涼。卡亨當著老虎的面，割下自己大腿上的「肉」，自己嘗。貪食的老虎聞著肉的香味，垂涎三尺，問道：「老庚呀老庚，你吃什麼呢？味道那麼香？」卡亨低聲道：「我吃涅雞淋，送點給你嘗。」

老虎吃了獸肉，覺得又甜又香。老虎問他，這涅雞淋咋做。卡亨拿一把磨得又光又利的菜刀，岔開兩腿，雙眼望著天，用刀割下獸肉。老虎看見了，回到家裡，鎖起了房門，把菜刀磨得又光又利，割

下涅雞淋。

從此，山上再沒有老虎傷人。

七、找地方

卡亨巧妙地殺絕了山中的老虎，跑回到六里坡，對他母親說：「密洛陀啊密洛陀，山上的老虎已被殺光了，你要造人只管造吧。」

密洛陀十分高興，她決定造人了。可是，造人先要選個好地方。叫誰去選好地方呢？密洛陀先叫聾豬去找。聾豬吃過早飯就出門去找。聾豬走到半路，看見一窩蚯蚓，它去拱地吃蚯蚓去了。

聾豬吃飽了之後，就回來了，密洛陀在門前問它：「你可找到了造人的好地方？」

聾豬張著嘴說：「我走到半路，挖蚯蚓吃，不見哪裡有好地方。」

密洛陀又氣又急，她拿起棍子就打，恰恰打在豬的耳朵上。從此，豬的耳朵才聾的。密洛陀又叫來了長尾鳥，命它去尋找造人的好地方，長尾鳥飛到山坡上，看見坡上有紅果，長尾鳥吃飽了，就回來了。密洛陀在門前問道：「你找到造人的好地方啦？」長尾鳥張開嘴回答道：「我飛到山坡上，揀到紅果吃，不見哪裡有好地方。」

密洛陀又氣又急，她拿起弓和箭，就朝長尾鳥射了一箭，恰恰射在它的屁股上。從此，長尾鳥才有了長長的尾巴。

密洛陀又叫烏鴉去尋找，烏鴉吃了早飯，便去找地方。烏鴉飛到山上，看見火燒山，它在濃煙裡飛來飛去，又用翅膀去玩火。太陽過

了坡之後，它飛回來了。

密洛陀在門前問它：「找到了造人的好地方了嗎？」

烏鴉張開嘴說：「我飛到山上，看見火燒山，我覺得挺好玩的，就去玩了，不見有什麼好地方。」

密洛陀又氣又急，拿起一缸藍靛水，就朝烏鴉的身上一潑。從此，烏鴉便變成一身黑麻麻。

密洛陀又叫來老鷹去找，老鷹吃了早飯，又帶了午飯走了。老鷹飛了大半天，落在一棵木棉樹上。白崖冒出一股煙，它去點火熱午飯去了。白崖有個老年人，問老鷹道：「你來這裡做什麼？」老鷹回答道：「密洛陀要造人了，叫我來找個好地方。」

老人立刻把臉一板，不高興地說道：「這是我造的地方，別人不能來，更不准在這裡落腳。」說著，老人拿了根繩子，拴住老鷹的腳，把它關進岩洞裡，一關就是三年。

老人打回酒，他準備殺了老鷹當下酒菜。老鷹知道了，便去懇求老人：「好心的老人啊，我快要死啦，請你打開籠子，叫我看看天，再望望地，死了也甘心。」

老人便打開兩根柱，老鷹望天望不見一半，看看地，地不見半邊，它又懇求老人，打開四根柱子。老人便打開四根柱。老鷹張開翅膀，就撲啦啦飛出了岩洞，飛回了六里坡。一見密洛陀，老鷹什麼也不說，只向她要飯吃，只向她要水喝。密洛陀很生氣，罵老鷹道：「你出去三年，現在才飛回來，有飯也不給你吃，有水也不給你喝。」

老鷹身子軟，腳也沒有力，渾身打著哆嗦說：「密洛陀呀密洛陀，我吃飽了飯，我喝足了水，有話對你說。」

　　密洛陀便給它飯吃，給它水喝。老鷹吃飽了飯，喝夠了水，才說：「我飛到白崖上，那裡有老人，這老人起了歹心，他說地方是他造的，不讓我去看，還把我關在岩洞裡整整三年。」密洛陀吃了一驚，那白崖上住的是什麼人？莫非是老四哈昂，哈昂變了心？密洛陀打開他的櫃子，拿出一個石嘴巴和一對石爪子交給老鷹，石嘴作老鷹的嘴巴，石爪子給老鷹作爪子，從此，老鷹嘴比尖刀還尖、爪子比鉗子還利。密洛陀便吩咐，去把哈昂抓回來。

　　老鷹叼了一隻白雞，飛到白崖上，對著白崖喊：「老庚呀老庚！我們和好吧，我送來一隻白雞，給你做下酒菜。」

　　哈昂聽見老鷹叫，心裡十分高興，回答道：「你送來白雞，我拿火來燒。」

　　說著，他忙低下頭去吹火，火越吹越黑，老鷹說：「你呀，不會吹火，請你閉上眼睛，讓我來給你吹。」

　　哈昂便閉上了眼睛，老鷹張開利爪，一下就抓住哈昂的脖子，叼起哈昂就飛上了天。哈昂大喊大叫，拚命掙扎，老鷹卻越飛越高，沒一會兒就飛回到六里坡。

　　密洛陀見了哈昂，非常生氣，她罵哈昂沒有良心：「我要造人類，叫老鷹去找地方，你為什麼把它關在岩洞裡？」

　　密洛陀把哈昂關在土牢裡，叫兩個妹仔送飯給他。哈昂又起了歹心，他製了兩副竹夾，把兩個妹仔的手夾斷了。後來兩個妹仔死了。密洛陀十分傷心，又十分氣憤，她把兩個妹仔埋在月宮裡，等她造出

了人類，叫她們見了高興。

　　哈昂做了虧心事，心裡又是害怕，又是焦急，不知道密洛陀會怎樣處治他。恰在這時，有個老鼠來打洞，看見哈昂，很奇怪地問他：「老庚呀老庚，你為什麼住在這裡？」

　　哈昂對老鼠說：「密洛陀要造人，是她把我關在這裡，你有沒有好的親戚，請它來幫忙。」

　　老鼠想起它的老庚穿山甲，它會打洞，可是穿山甲來了，咬不動樹根。哈昂又問穿山甲：「有沒有好的親戚，請它來幫幫忙。」穿山甲便請來了它的老庚芒鼠，芒鼠的牙齒很尖利，銳利得像把利刀，它啃斷了大樹根，為哈昂挖了個大洞，救了哈昂，哈昂就逃出了土牢。

八、密洛陀造人

　　密洛陀這次真的要造人了。用什麼來造人嘟？她想起她的九個孩子，九個孩子中只有一個女孩，那就是老七花密樣。可是，花密樣死了，剩下八個都是男的。密洛陀知道：公雞不會下蛋，男人不會生育。

　　密洛陀越來越老了，她的八個兒子的頭髮也白了，誰來傳宗接代？誰來開創新世界？

　　她上山去採來了九十九種花卉，又蒸了三斗米；把花卉和米撈成一堆，捏過來捏過去，先捏成個柚子的形狀做人頭，捏成個冬瓜的形狀做人的身子，捏成根舂米的木杵形狀做人腿，捏成樹枝形狀做人的手，再來捏人的鼻子、耳朵、嘴巴和眼睛。

人形造成了，密洛陀把做好的人形放進大瓦缸裡，過了九天九夜，滿屋都飄著香氣。密洛陀打開瓦缸，卻釀成一瓦缸美酒。

造人造成了酒，密洛陀十分生氣。不過密洛陀不灰心，她要繼續造人。有一天，她的兒子、老五布桃牙幼上山打獵回來，見了母親就說：「媽媽呀，今天我遇見一件怪事，山上的樹洞裡，不知是什麼，發出嗡嗡嗡的叫聲。大的黃鮮鮮，小的白生生，上下翻動軟綿綿，依我看，拿它來造人，最好。掏點水水嘗嘗，甜滋滋，很好吃。」

密洛陀聽了，心裡突然開了竅，連忙叫他取回來，布桃牙幼立刻飛上山，連窩端來給了他媽。密洛陀仔細地看，原來是一窩蜜蜂。

密洛陀取出蜂蛹，用蜂窩製成黃蠟，又把蜂蛹和黃蠟捏在一起，她又連吹三口氣，蠟和蜂蛹黏糊糊如膠似漆，那膚色就像人的皮膚一樣美麗。

密洛陀就用這種蜂泥造人。她親自把蜂泥捏成梨子形狀做人頭，捏個芭蕉形狀做人身，捏雙扁擔形狀做人腳，捏雙棒槌形狀做人的手，再捏鼻子、耳朵、嘴巴和眼睛。

人的模樣做好了，把他們放進四隻箱子裡。密洛陀連吹了三口氣，又默默念了三回咒語，解下她貼身的衣服，蓋在箱子上。

密洛陀日日夜夜守在箱子邊，夏來扇涼風，冬來呵暖氣。密洛陀為人類子孫，費了多少心血，一心只盼兒孫的叫聲起。

密洛陀坐在箱子邊，胡思亂想：若是雞仔，二十天就出生；若是狗仔，兩個月才出世；如果是馬仔，十二個月才生；若是牛仔，十個月就出世；如果是人……

過了三百六十天，天空突然滾雷電，雷電過後，忽然聽見有「哇哇哇」的哭叫聲，打開第一隻箱子，箱子裡生下十男和十女，這就是如今的布關[66]；打開第二隻箱子，箱子裡生下九男和九女，這就是如今的布講[67]；打開第三隻箱子，箱子裡生下五男五女，這就是如今的布苗[68]；最後打開第四隻箱子，箱子裡生下三男和三女，這就是今天的布努[69]。

　　密洛陀拿飯餵人仔，人仔不吃飯；密洛陀拿酒給人仔喝，人仔不喝酒。密洛陀叫來咪令，咪令的胸前有兩坨凸凸，凸凸裡流出奶水，咪令用奶水餵人，人仔吃著奶水，才一天天長大。

　　春風吹楠竹，楠竹吱吱響，人仔聽見竹枝聲，就學會了講話。可是，他們講的話都不一樣，有的講的是漢話，有的講的是瑤音。

　　密洛陀叫他們結婚，

　　藍和羅成雙，

　　盤和龍成對，

　　密洛陀送他們各自離開……

說唱者：藍何勇　蒙勝集　蒙卜良

蒐集者：廣西民研會

整理者：莎　紅　潘泉脈　蒙冠雄

---

66 布關：即漢族。

67 布講：即壯族。

68 布苗：即苗族。

69 布努：即瑤族。

洪水神話

日月成婚[70]

　　相傳，很古很古的時候，接連下了很多天暴雨，除了高高的瑤山，大地全被洪水淹沒了，生活在大地上的人也全被洪水淹死了。

　　住在天空的太陽和月亮，是兩個心腸好的光明之神。眼看著大地上的人類遭到毀滅，他們心裡十分難過。太陽緊鎖雙眉說：「唉，難道一個人也不剩了嗎？」月亮流著眼淚說：「誰知道呢？反正我看不到一個人影了。」太陽說：「我倆天天住在高空，離地面太遠了。我們都下凡去，到瑤山去看個究竟吧！」月亮表示贊成。

　　他們把各自的軀殼和一份光輝仍然留在天空，把靈光變成了一對非常漂亮的年輕人。太陽變成了一個身高個大的好後生，月亮變成一個杏眼蛾眉的俏姑娘。兩人乘雲駕霧，從天空降到瑤山上。他們找遍山頭，硬是沒有發現一個人。

　　他們更傷心了。月亮姑娘嗚嗚啼哭起來，一顆顆淚珠滴落在羅衫襟上，說道：「多聰明多高尚的人類啊，如今完了！」太陽哥哥緊鎖著雙眉，沉思了一會兒說：「事到如今，光哭沒用，倒不如想個辦法，叫人類再生！」月亮說：「人類都絕種了，哪能再生啊？」太陽一把拉住月亮的手，笑道：「月妹，你和我不是可以做『種』嗎？好妹妹，我們倆就配成對，來傳人種吧！」月亮姑娘一聽，白玉似的圓臉蛋「刷」的一下紅了，腦袋耷拉下來，輕聲回答道：「這怎麼行？」太陽說：「這有什麼不行呢！」月亮抬起頭來，看著太陽，為難地說：「太陽哥，你又不是不知道，天神是不會允許我們婚配的。要是

---

70 本文原載《山茶》1983年第3期。

天神說我倆有荒唐行為，傳開了，星星姐妹準會笑掉牙，天王準會懲罰我們。」太陽說：「這怎麼是荒唐行為呢？這是為了人類再生，給天下做好事嘛！」月亮說：「管他好事歹事，反正我不幹！」說著，便要抽回雙手，可是太陽拉住不放。月亮想太陽的性子憨厚、沉著，他想要幹的事，怎麼也得幹，硬頂是不行的，要是同他賽跑，他的個子大、手腳笨，自己身子單、動作靈，輸的準是他，便道：「這樣吧，我們繞著山峰跑圈子，你若能把我追上，我就和你配成對。」太陽高興極了，鬆了手，說：「要得！」

　　瑤山主峰，屹立蒼穹。賽跑開始了，月亮沿著半山腰奔跑，快步如飛，雲霧沒有她輕盈，春燕沒有她敏捷。太陽使盡渾身力氣，跑得汗如雨下，卻怎麼也追不上月亮，只聽見月亮在前面發出一陣陣咯咯的笑聲。正當太陽心急如焚的時候，路邊一隻大烏龜伸出腦袋，叫道：「太陽，太陽，為什麼不打轉身半路截住月亮？」太陽一聽，覺得有理，立即轉過身往回跑，正與月亮碰了個對面。太陽一把抓住了月亮的手，笑道：「追上了！追上了！」月亮見太陽耍巧，噘著嘴說：「這不算追上！你倒是要說清，是誰給你出的歪主意？」這時，烏龜爬到他們身旁，回答道：「月姑，是我出的主意。我也是一片好心啊！」月亮生氣道：「誰叫你多管閒事！」月亮一氣之下，伸出腳一踩，將烏龜踩成了四塊。太陽責怪道：「嗨，月妹，看你的脾氣有多大嘞！」太陽並不因為月亮生氣而灰心，他照樣對她親熱，要求和她成婚傳人種。月亮不好直言拒絕，只好婉言道：「還不知道我倆有緣分沒有哩！」太陽說：「那就來占卜吧！」月亮提出占卜的辦法：「這樣吧，我們把一副石磨分頭各背一扇，登上兩座山峰，再同時把兩扇石磨往山下滾，要是他們合攏了，那就表明我們有緣分，我倆就成婚！」太陽說：「要得。」

瑤山上有一副現成的石磨，原是神仙磨藥用的。太陽和月亮將它掰開，各背一扇，分別登上兩個山頭。月亮站在東山，眉開眼笑，心情輕鬆，因為她斷定兩扇磨盤怎麼也不會合攏。太陽登上西山，將磨盤摺在地上，朝它跪拜，祈求它成全好事。月亮說：「滾吧！」一聲呼喊，兩扇磨盤同時往山下滾去。太陽和月亮忙著下山察看。月亮身輕腿快，搶先到了山下。她一見到磨盤，不禁一驚，多奇怪喲，兩扇磨盤竟合攏了。這時，月亮心裡甜蜜蜜的，但當她想到這事恐會惹起是非，心裡又生起疑慮來。這時，太陽跑來了，遠遠問道：「月妹，磨盤合攏了沒有？」月亮還想哄過太陽，便利索地將兩扇磨盤一掰，回答道：「還差點兒哩！」太陽跑近一看，雙眉一鎖，「嗨」地長嘆一聲。他沉住氣，細細思量，覺得和月亮結為夫妻，是理所當然的好事，不成功不能罷休，就說：「月妹，人是活的，磨盤是死的，它們合不攏，怎麼能表明我們沒緣，你的話不足為憑！」月亮一想，又另想法為難太陽，就說道：「太陽哥，你的話有理，我們就換個法兒占卜吧！我們再登上兩座山峰，面對面梳頭髮，梳子往前揮，要是兩人的頭髮飛快地生長，又一絲一絲連接起來，那就真正說明我們有緣，我一定嫁給你！」憨厚的太陽只好又依從月亮的擺布。

　　瑤山上有座梳妝臺，原是仙女梳妝打扮的地方，那裡豎著石鏡，摺著玉梳。太陽和月亮一同到了梳妝臺前，各抓一把梳子，登上兩座對峙的山峰，便在山頂上面對面地梳起頭髮來。說來也怪，兩把梳子每往額前梳一下，兩人的頭髮就向對方山頭伸長一尺，梳著梳著，兩人的頭髮便在半空接起來了，那接口邊一點痕跡也沒有。月亮見此情況，不知說啥好。太陽呢，高興得一邊呼喚著月亮的名字，一邊朝對面山上跑去。月亮見太陽要追她，便想溜去。但太陽拽住了連頭黑髮，她寸步難移。太陽走近了，對她說：「月妹，這下子你不好說什

麼了吧！」說著，他解下繫在自己身上的佩玉，雙手捧給月亮。他是要按照人類的習俗來定婚呢！這時，月亮含情脈脈地看著太陽，半晌，痛苦地對太陽說：「太陽哥，我多想成全好事啊，可我受不了眾神的恥笑；我多想和你結髮到老，可我受不了天王的懲罰。我……我不能接你的佩玉！」太陽說：「難道真的會招來恥笑和懲罰嗎？我們最親的朋友要算星星七姐妹了，你就去問問她們，再回答我吧！」月亮流著淚點點頭，割斷連頭黑髮，上天去了。

七姐妹就是天上常聚在一起的七顆星星，她們成天關在天宮閨閣裡織布繡花，只有晚上才步出閨閣，露露身子。月亮乘雲直上，和七姐妹見了面，吞吞吐吐地將自己的心事說了一遍。姐妹們一聽，臉蛋羞得比月亮還紅哩。大姐沉思片刻，說道：「既然是為了天下人類再生，我看可以成婚。」眾姐妹頻頻點頭，同意大姐的意見。月亮見姐妹們這般助興，喜出望外，道：「姐妹們如此助我當然好，可天王是反對自己找婚配的，要是天王曉得了，那怎麼得了啊！」二姐思索一會兒，道：「我有一個主意，不知道大家贊成不？待月妹和太陽哥成婚時，我們七姐妹把織布的五彩雲錦一匹又一匹鋪在瑤山上，任憑你們怎樣生活，天王也就不會知道了！」眾姐妹一聽，一齊拍手叫好。月亮也就定了心，告別了七姐妹。

正當太陽心焦如灼的時候，月亮回來了。太陽向月亮問道：「七姐妹是怎麼說？」月亮滿懷喜悅，卻故意噘著嘴說：「別提了，她們聽我一說，又是譏笑，又是白眼，都不理我了呢！」太陽心裡像潑了一桶冷水，著急地問：「那怎麼辦？」月亮一本正經地說：「太陽哥，死了心吧！」太陽一聽，急得像個孩子似的哭號起來。月亮從他的悲啼聲中感到他對人類和對自己真誠的愛，便撲到太陽懷裡，伸手給太

陽拭去臉上的淚水，安慰道：「太陽哥，你真傻……」並從太陽手中接過佩玉，兩人決定成婚了。

成婚那天，七妹妹悄悄地把一匹匹五彩雲錦鋪滿瑤山上空，太陽和月亮在瑤山上成了婚。婚後，他們在山上建起了木屋，造起了竹樓，架起了鍋灶，升起了炊煙。

過了些日子，月亮懷孕了。太陽是一個溫順的丈夫，日夜守候在懷孕的妻子身邊。

一天黎明，只見數不清的喜鵲聚集在瑤山上，在五彩雲錦下來回飛翔，唱著歡樂的歌。這時月亮躺在竹樓裡，感到身子有些不舒服，便對床前的太陽說：「喜鵲叫，喜事到，我一定要生娃娃了。」太陽說：「是呀，我倆很快就會有孩子抱了。」誰知他們都沒有猜對。月亮的確分娩了，但她生下的不是一個娃娃，而是一個大冬瓜！月亮一看，大吃一驚，繼而嗚嗚啼哭起來。她邊哭邊叫太陽把冬瓜埋起來，以免再看到它而令人傷心。太陽抱起冬瓜說：「不管怎樣，我倒要看看它裡面有什麼東西！」說著，便操起菜刀，將冬瓜一剖兩半。裡面並沒有出現什麼奇蹟，瓜腔裡淨是一粒粒黃色的種子，跟平常那種瓜子一模一樣。月亮很懊喪，一氣之下，將冬瓜子一把把抓起來，往山前屋後撒去。他們想，已經毀滅的人類不能再生了。他們在失望中相擁痛哭，昏昏睡去。

第二天黎明，數不清的喜鵲重新聚集到瑤山上，在五彩雲錦下盤旋，仍舊唱著歡樂的歌。喜鵲的歌聲把竹樓上的一對夫妻吵醒了。太陽和月亮帶著煩躁的心情，走出門來。但是他們的愁容很快變成了笑臉，因為他們看到了全新的景象：山前屋後，凡是他們撒過冬瓜子的地方，都建起了一座座竹樓，升起了一縷縷炊煙，還有一個個人兒，

穿著五彩雲霞錦衣，正在地裡撒播五穀，栽培幼林。太陽和月亮一看，全明白了，那些撒到地裡的冬瓜子，原來就是再生人類的第一代。太陽和月亮高興地看著自己的孩子們，並給他們起了個名字叫做瑤人。

當太陽和月亮離開自己的軀殼來到大地時，在軀殼裡留下的那一份光輝這時已快要放射完了，他們沒有忘記普照天地的責任，於是決定重返天空。為了讓兒女們知道自己的來歷，太陽和月亮在返回天空前把兒女們叫到跟前，給他們從頭到尾地講了這個故事。講罷，太陽和月亮就返回天空去了，這個故事也就代代相傳下來。

講述者：趙老大

記錄整理者：梅中泉

伏羲兄妹[71]

瑤族人民世世代代傳說：過去有家窮人，只生兄妹倆，哥哥名叫伏羲，兄妹很小就死了娘，只好跟著爹爹張天師度日。

有一天，玉皇大帝派雷公下凡巡察，並灑下傾盆大雨，把張天師淋得透濕。父子三人冷得直打哆嗦。張天師就大罵雷公，問雷公為何颳風、打雷、下雨。雷公聽見張天師罵他，就衝進張天師家裡去講

---

71 本文原載《山茶》1982年第1期。

理。但雷公衝得過猛跌倒了，張天師趁機抓住雷公，把他關在泥倉裡。

關住雷公後大雨停了。張天師趁天晴出去找點吃的，走時交代伏羲兄妹，要認真看管好雷公，別讓他跑了。

雷公在泥倉裡聽見張天師出去了，就向伏羲兄妹求情：「小兄妹，請放了我吧。」伏羲說：「不能！不能！放了你，我爹回來要打我們的！」雷公說：「你們放了我，我送你們一個大葫蘆。」邊說邊拔了顆牙從洞裡遞出來。雷公在倉裡「哈」了一聲，牙發了，牙長了根；「哈、哈」兩聲，長藤，出葉；「哈、哈、哈」三聲，開花結葫蘆，葫蘆越長越大，一下就長得像芭蕉棚那樣大了！

伏羲兄妹看著大葫蘆感到吃驚，世上哪見過葫蘆會長得這樣快、這麼大！一定是個大寶貝！但兄妹並不為這動心，仍不放雷公出來。雷公無法，長嘆一聲：「唉！我受玉皇大帝委託，降到大地，為人間布雲降雨，為人類造福，哪知虎落平陽受犬欺，一時大意，被關在泥倉裡，上不能報天，下不能為民造福，不知如何才好！」說完又唉聲嘆氣，看起來非常後悔。妹妹得知此情深為感動，與哥哥商量後就把雷公放出來了。

雷公出來後，壓著一肚子氣，暗計要報仇！但感念伏羲兄妹釋放他的恩情，便對伏羲兄妹恭敬地行了個禮，說：「謝謝你們兄妹解救我，送你們這個葫蘆報恩！」伏羲忙說：「雷公，別多禮，我們不要你的葫蘆，你拿走好啦。我兄妹放你出來，為的是讓你替民行道，請別謝了。」雷公說：「請收下這葫蘆吧，以後會有用處的。」雷公在葫蘆上開了個口，用蓋子蓋好，並告訴伏羲兄妹：「一旦遇到災難，兄妹躲進葫蘆裡就可化險為夷，萬事大吉。」說完就走出芭蕉棚，一

聲霹靂，騰空而去。

　　忽然間，天昏地暗，大雨來了！伏羲兄妹見暴雨猛降就鑽進葫蘆裡，蓋好蓋子。一下洪水就淹沒了大地，只有伏羲兄妹躲在大葫蘆裡，漂流在洪水上……

　　七天七夜過去了，伏羲兄妹在葫蘆裡又餓又渴，被顛得差點昏死在葫蘆裡。洪水剛落下洞庭湖，那葫蘆就漂落在崑崙山頂上，忽然「轟隆」一聲巨響，葫蘆破開了，伏羲兄妹從雷聲中驚醒，鑽出來一看，洪水雖退盡了，大地卻荒蕪人煙，妹妹很害怕，緊緊抱住哥哥。這時，雷公跑來對伏羲兄妹說：「世上的人都淹死了，只有你們兄妹倆，你們就結為夫妻，傳子傳孫，延續人類吧！」伏羲說：「我倆是親兄妹。」妹妹也說：「兄妹哪能結為夫妻！」雷公怎樣勸說都不行。兄妹最後就決定去問一樣會動、一樣不會動的東西。他們找呀找呀，找到一蓬竹子，伏羲問：「竹子，我和妹妹是親兄妹，可以結為夫妻嗎？」竹子搖搖擺擺地說：「可以，可以。」妹妹著急了，就把竹子砍成幾節，並對竹子說：「如果竹子能再接起來成活，我兄妹就成親。」滿地的竹子節真的一節一節連接成一棵棵活竹了，從這以後，竹子就有了節疤。這時，雷公又叫他倆成親，他倆還是不同意，又找呀找呀，找到了一隻千年的老烏龜，妹妹問：「烏龜，烏龜，我和伏羲是親兄妹，可不可以結親呢？」老烏龜伸長脖子說：「可以，可以。」伏羲生氣了，抽出寶刀，向烏龜殼砍了又砍。烏龜殼原是平滑滑的，自從伏羲砍了以後，就變成花斑紋了。這時，雷公又說：「現在你們還有什麼好說的啊？快快結成親吧！」伏羲兄妹還是不幹。最後雷公找來一盤石磨，叫伏羲拿著上扇爬到東山頂上，又叫妹妹拿著下扇爬到西山頂上，喊「一、二、三」，一齊往山下滾，兩扇

磨如果合在一起了，就一定要結成親，如合不在一起就算了。伏羲兄妹想，一個在東山滾，一個在西山滾，怎麼能合得起來呢？滾就滾吧！他們同意了。伏羲爬東山，妹妹爬西山，喊「一、二、三」，伏羲滾上扇，妹妹滾下扇，兩扇磨滾呀滾呀，真的滾到一起合起來了，伏羲兄妹啞口無言了，只好結為夫妻。

伏羲兄妹結婚不久，妹妹就懷孕了。但是等了一年、兩年、三年都不見生，一直等了五年才生下一團肉瘤，兄妹傷心地大哭起來。這時玉皇大帝派了盤古皇下到凡間，告訴兄妹把那肉瘤剁成細末，然後往四面八方撒，就會變成人。兄妹只好照辦。伏羲往山下撒，他的力氣大，撒的肉末又多又遠，所以山下平地的人又多又密；妹妹往山上撒，因她力氣小，撒的肉末就少，所以山上的人就很少，至今只住著很少的少數民族。肉末撒在李子樹上長出的就姓李，撒在桃子樹上長出的就姓陶，撒在楊樹上長出的就姓楊，撒在柳樹上長出的就姓柳，撒在竹子上長出的就姓祝，撒在盤子裡長出的就姓盤，撒在凳子上長出的就姓鄧，撒在石頭上長出的就姓石，撒在田裡長出的就姓田，撒在牛身上長出的就姓牛，撒在馬身上長出的就姓馬……這就是人間姓氏的來源。

為了人間生產、生活的需要，伏羲兄妹又造出一些用具。漢族抓著算盤、秤桿，就住在街上做生意；壯族拿著犁耙就占壩子種田；瑤族拿著斧刀就占山箐開山種地；苗族拿著鋤頭就占坡頭種地。這就是今天各民族居住和生產、生活習慣的由來。

洪水退完以後，人間沒有水和火，伏羲兄妹又造了水和火。妹妹造火，喊哥哥不要看，可是哥哥卻用手矇著眼睛，從手指縫裡偷偷地看了，所以後來人間一直都會造火。哥哥造水，喊妹妹不要看，妹妹

卻老老實實地一點也沒有看，所以後來人間一直不會造水。

有了火，有了水，又從南天（有的傳說從崑崙山）討得五穀種子來，請神農教會種五穀，所以至今壯、瑤等兄弟民族，每年種完莊稼，還要做花米飯，殺豬雞祭獻神農。有了人，有了五穀，人間又繁榮興旺起來了。

蒐集者：盤國金

伏羲兄妹的故事[72]

雷王住在天上，專門管雨。大聖住在地下，想種莊稼。大聖問雷王：「我種莊稼，你保證風調雨順，行嗎？」

雷王答：「行，但我要收租。」

「收多少？」

「你一半，我一半。」

大聖心想：收得太高了，你雷王想嘴巴抹石灰——白吃！但又有求於雷王，只好答應。他找來穀子、芋頭、苞穀三樣種子。頭一年耕種，問雷王：「收穫時你要上面還是要下面？」

---

72 本故事流傳於廣西金秀瑤族自治縣。本文選自《瑤族民間故事選》，上海文藝出版社，1980年版。

「我要下半截。」雷王答。

頭一年，大聖就種穀子，精耕細作，施足肥料，苗苗長得又高又粗壯。秋天，大聖把穀子收得乾乾淨淨，一擔擔挑回家裡，然後將下半截送給雷王。雷王大怒：「豈有此理，不給穀子給稈稈？」

「你不是講過了嗎？收穫時要下半截，稈稈就是下半截的啊！」大聖理直氣壯地回答。雷王無可奈何。

雷王心想：頭年吃虧，第二年再不做傻瓜事，便說：「我要上面的。」

這一年，大聖種芋頭，芋頭長得特別好，一個有四五斤重，挑回來堆滿堂屋。他把芋苗葉送給雷王，雷王氣呼呼地問：「怎麼一個芋頭也不留給我？」

大聖說：「你不是講收穫時要上面的嗎？上半截是芋苗葉，下半截才是芋頭啊！」

雷王知道理虧，張口結舌，無言以對。

第三年，大聖問雷王：「今年你要上面還是要下面？」

雷王心想：「這一回再也不能上當了。」於是說：「上下我都要。」

這一年，大聖種苞穀。風調雨順，苞穀長得挺好，稈稈像南竹那麼高，每稈都結三穗，穗穗像手腕那麼粗。深秋時節，大聖把苞穀全收了。他把稈稈和葉子全部挑給雷王，雷王火冒三丈：「你怎麼老是騙我呢？」

大聖說：「我講話算話，你要上面，我給上面；你要下面，我給下面；你要兩頭，我就給兩頭。怎能講我騙你呢？」

雷王像啞子吃黃蓮，有苦難言，無理反駁，但心裡有了疙瘩，對大聖懷恨在心，想把大聖害死。大聖對雷王早有戒備，兩人暗中各自練法術，準備鬥打。

一天，雷王想把大聖害死，約大聖去看莊稼。到了半路，雷王從口袋裡取出一包芝麻，向空中一撒，芝麻紛紛落下草坡，瞬時變成一大群地龍蜂，嗡嗡地亂飛亂舞，向大聖撲去。大聖眼明手快，從口袋裡取出一把豆子向空中一撒，霎時變成一群烏鴉去追著捉地龍蜂，把地龍蜂吃得乾乾淨淨。

走了一程，雷王又施展法術，把白手巾向空中拋去，瞬間變成鵝毛大雪，紛紛揚揚，天寒地凍，烏鴉全部被凍死，大聖吃了敗仗。

大聖不甘心失敗，躲在屋裡練法，準備再戰。哪知雷王不肯放鬆一時，每天都跑到大聖屋頂上挑戰，雷聲隆隆，電光閃閃，幾乎把大聖的耳朵震聾，大聖一刻也不得安寧，罵道：「雷王呀，你別猖獗，有朝一日抓到你，我叫你碎屍萬段。」他走到河裡，撈取很多滑溜溜的青苔，鋪在自己的屋頂上。不久，雷王又來挑戰，從天上飛將下來，一腳踏在屋頂，腳跟未站穩，骨碌碌一個蹌蹌，啪嗒一聲跌下地來，大聖用水缸把他蓋住，關在禾倉裡。雷王氣勢洶洶地說：「我要大地乾旱三年，禾苗不生，要你們凡人餓得硬條條。」雷王囂張的性情不改，大聖非常惱火，便打算把他殺死，用肉醃酢。可是家裡沒有那麼多鹽，也沒有那麼多的罈子，於是決定到圩場上去買鹽和罈子，回頭再殺雷王。臨行的時候，再三叮囑他的一對兒女——伏羲兄妹：「好好看守雷王，不要給他水喝。」

大聖離家之後，狡猾的雷王便設法誘騙伏羲兄妹：「小弟弟，小妹妹，我口渴得厲害，請你們給我點清水喝。」伏羲兄妹說：「父親出門時曾經囑咐過，不能給你喝清水。」「不給我喝清水，就給我點潲水喝吧！我實在口乾難受。」雷王哀求著。

伏羲兄妹想了想，父親並沒有吩咐不給他潲水喝，便舀了一瓢潲水給雷王喝。

雷王得水，喝了第一口，解渴；喝了第二口，使勁一噴，轟隆一聲，禾倉立刻破裂。他跳出倉來急忙從前門走了，剛走到屋後，忽然想起伏羲兄妹給他的好處，臨走時，拔下一顆牙齒送給他們，並囑咐他倆說：「到了有難之時，你們就把它種在地裡，會長個大瓜來救你們。」說罷，回天上去了。

雷王回到天上，要報仇雪恨，想用大水來淹死大聖，雷聲震撼萬里長空，狂風大作，烏雲密布，瓢潑大雨嘩嘩下個不停，河裡漲了水，漸漸淹到牆腳。伏羲兄妹見勢不妙，趕緊把雷王送給他們的牙齒栽到地裡，轉眼間，從土裡長出瓜秧，牽藤、開花、結果，長出個像禾倉般的葫蘆來。大聖匆匆地趕回來，兄妹二人來不及招呼父親，趕忙鑽進葫蘆裡，一個浪頭打來，葫蘆漂浮而起。大聖見一個豬槽浮在門外，慌忙中，踏上豬槽，隨水漂流。大水越漲越高，一直淹上天門。伏羲兄妹的葫蘆和大聖的豬槽漂到天門附近。雷王見大聖乘著豬槽而來，心裡有些害怕，便又下了陣大雨。水滿槽沉，大聖就被淹死了，死後變成一條七星魚，鑽進海裡，把海底鑽了一個大窟窿，水從窟窿裡漏出去，洪水漸漸消退。

伏羲兄妹躲在瓜裡度過了七天七夜，葫蘆隨大水漂到崑崙山上。兩兄妹爬出葫蘆，舉目四望，樹木花草和村莊都被洪水蕩盡，找來找

去不見一個人影，心裡無限悲傷。為了找到人煙，兄妹各拄一丈二尺長的鐵棍，走訪天下。走到山邊，遇到了一隻烏龜，他倆便問烏龜：「世上還有沒有人？」烏龜答道：「天下人都被大水淹死，最後是你兄妹倆自結為婚。」兄妹聽了很生氣，揮起鐵棍把烏龜打碎，說：「如果你能碎殼復合，死而復生，我們就結婚。」兄妹倆走了幾天，在路上又遇見先前看見的烏龜，果然碎殼復合，慢慢爬行，只是背上多了一些碎片合成的痕跡。

　　兄妹二人又繼續往前走，一天，在路上遇見一根竹子，他倆便問竹子：「世上還有沒有人？」竹子回答：「天下的人都被洪水淹死了，只剩下你兄妹倆啦，你們快成婚配，再造人吧。」兄妹聽了大怒，抽出腰刀，咔嚓一聲把竹子砍成多段，說：「斷竹呀斷竹，如果你能復合，我們就結婚。」跨青山，過綠水，他們在路上又撞見先前那根竹子，斷竹果然再生，竹梢像鳳尾般垂著，與前不同的是多了節痕。兄妹還是不服，不肯結婚，邁開雙腳，繼續往前走。一天，在路上見到一隻烏鴉，他倆又懇切地問：「烏鴉，請你快告訴我們，世上還有沒有人？」烏鴉拍拍翅膀說：「天下的人都被洪水淹死了，你兄妹倆快結婚，再造人丁。」兄妹倆抽出腰刀把烏鴉頸砍斷，並說：「如果你能把斷頸接合，我們就結婚。」說罷，兄妹手拉手繼續去找人，在路上又碰見烏鴉，烏鴉斷頸吻合，死後復生，只是頸上多了一圈白色痕跡。兄妹還是不服，翻悔前言，不願成婚。

　　走了七七四十九天，涉過八八六十四條大河，爬過九九八十一座高山，兄妹手裡的鐵棍已磨盡，還是找不到一個人影，兩人傷心透了。

　　一天，太白仙人下凡，攔住兄妹的去路，勸他們兩人結婚，他們

兩人仍然不答應。太白仙人說：「你倆各搬一片石磨，各上一個山頭，兩人同時把石磨從山上滾下，如果兩片石磨仍舊合在一起，你倆就結婚吧！」兄妹心想天下哪有這樣的巧事，便答應照做。兩人各拿一片石磨，登上山坡，把石磨骨碌碌地滾下山，石磨很自然地合攏起來。兄妹二人又翻悔前言，不肯結婚。太白仙人又說：「你倆各上一個山頭，對面梳頭，如果頭髮連在一起，你倆就結婚。」兄妹不相信天下會有這樣巧的事，便又點頭答應。兩人隔山梳頭，梳呀梳呀，頭髮慢慢伸長，垂到腰間，延伸到腳跟，山風吹來，兄妹的頭髮隨風飄揚，愈來愈長，像天上的彩虹，從這邊山飄過那邊山，兩人的頭髮梢自然地絞結在一起，兄妹倆這才死了再找世人的心，說：「我們願成親配婚！」這時，頭髮才自然地解散。

兄妹結了婚，妹妹懷孕生育，但是生下來的不是小孩，而是一個像冬瓜般的肉團，沒有眼睛，沒有耳朵，也沒有屁股。夫妻二人覺得太難看，便把肉團砍碎，放在曬棚上暴曬。經過七天七夜的暴曬，砍碎的肉團變成芝麻和青菜籽，夫妻倆拿到山上去撒，多數落到平地，平地火煙升騰，變為漢人。少數散落在山上，落在河邊茶林裡的，成了茶山瑤；落在山坳的變成了坳瑤；落在麥穋地的，變成了山子瑤；落在花竹籃裡的，變成了花籃瑤；盤子裡還剩下的，夫妻又拿到山裡亂撒，變成了盤瑤。從此，大瑤山有了五種瑤族，他們住在深山裡，開荒種地，過著艱苦儉樸的生活。

口述者：巴　柏
蒐集整理者：劉保元　蘇勝興

天體神話

射月亮[73]

古老的時候，天空上只有太陽，沒有月亮，沒有星星。一到晚上，四處墨墨黑。

忽然，有一個晚上，天空出現了一個熱烘烘的月亮。它七棱八角、不方不圓，像山上剛爆下的大石塊。它發出毒熱的光，把田地裡的禾苗曬得枯焦焦，把人們曬得熱乎乎。人們在晚上熱得翻翻滾滾，睡不著覺。

「天呀！我們不要這個毒熱的月亮啊！我們快要給月亮曬死了！」人們汗流氣喘地呼號著。

那時，大石山腳，住著一對青年夫婦。男的叫雅拉，射得一手好箭，專門跑山打獵。女的叫尼娥，織得一手好錦，專門在家裡織繡。尼娥看見月亮這麼凶惡，她對雅拉說：「你是好射手啊，把月亮射落下來，救救大家吧！」

雅拉拿起弓箭，爬上屋後的高山頂，鼓足氣力，彎弓搭箭向月亮射去。可是，箭到半空中便落下來了。他一連射了一百支箭，一百支箭都在半空中落下來。

箭射完了，他抬頭看看天上熱烘烘的月亮，低頭看看山下枯焦焦的禾苗、黃瘦瘦的人們，他長長嘆了一口氣。忽然，「咿呀」一聲，後背的大石塊像門一樣張開。一個白鬍子老人走出來說了幾句話：

---

73 本故事流傳於廣西。

南山有大虎，北山有高鹿。

若要膀力強，吃完虎鹿肉。

虎尾弓，虎筋弦。

鹿角箭，射得月亮團團轉。

說完，老人鑽進大石塊裡，石門「咿呀」一聲，關住了。雅拉明白了老人的話，下山來和尼娥商量怎樣捕捉虎鹿。

尼娥說：「你箭法高強，把虎鹿射回來就是。」雅拉說：「南山的大虎和北山的高鹿，我也曾射過。它們的皮子又厚又韌，箭射不進呀！只有用大網，可是，哪裡能得到一張堅韌的大網呢？」尼娥想了想，摸摸自己長長的頭髮說：「用我的頭髮來織一張大網吧。」她即刻扯下自己的頭髮來。她的頭髮很奇怪，扯光了又冒出來，扯光了又冒出來，像蠶絲一樣。

這一對青年夫婦不分日夜地織網。織了三十天，一張有鎖口的大網織成了。夫妻倆拿起網到南山大老虎洞口兜圍好。老虎出洞來找食吃，一鎖就鎖住了。老虎大翻大滾，大聲吼叫，山岳也震動了。他們用鐵針刺瞎老虎的眼睛，用斧頭劈碎老虎的腦殼，拖了回來。他們又到北山高鹿洞口，用同樣方法捉回了高鹿。

雅拉吃完虎肉鹿肉，身子添了千斤氣力。他用虎尾做弓、虎筋做弦、鹿角做箭，又登上大山頂。他拉弓搭箭，站定樁子，鼓足氣力，「嗖」一聲，箭直向月亮射去。「噼啪」一聲，月亮火星亂冒。那火星散布在天空就成了星子。

鹿角箭碰著月亮又轉回來，落在雅拉的手裡。雅拉搭上弓弦又向

月亮射去。一連射了一百次，把月亮的棱角都射掉了，滿天散布著星子。月亮成了一個圓圓的輪子，在天空打轉轉。可是月亮還熱烘烘的，發出毒熱的光，禾苗還是枯焦焦的，人們的臉孔還是黃瘦瘦的。

雅拉拿起弓，垂頭喪氣地走下山來，對尼娥說：「尼娥，怎麼辦呢？月亮還是毒熱的啊！用一塊東西把月亮遮住就好了。」

尼娥正織著一張大錦。錦上繡有一間精緻的房子，門口有一株金黃的桂花，草地上有一群白羊和白兔。尼娥把自己的像繡在桂花樹下，還準備把雅拉也繡上。她聽到雅拉要用塊東西遮住月亮，就說：「把這張大錦綁在鹿角箭頭，射上天空，遮住月亮吧！」

雅拉即刻把大錦綁在鹿角箭頭，又登上山頂，「嗖」的一箭，射上月亮，把月亮矇住了。

月亮不再毒熱了，它發出幽幽的白光，清清涼涼的，好可愛啊！人們在山下高興地笑起來了！

雅拉站在山頂上，笑瞇瞇地望著月亮。忽然，看見大錦上的尼娥、桂花樹、白羊、白兔都在月亮裡活動起來了。月亮上的尼娥向地上一招手，站在家門口的尼娥就飄飄地飛上了天空，飛進了月亮裡，兩個尼娥合成了一個尼娥。

雅拉在山頂看見尼娥飛上月亮裡，他心頭一急，兩腳一軟，便坐在石頭上。他眼睜睜地望著月亮，口裡拉長嗓子喊叫著：「尼娥啊，你為什麼不把我也織在錦上呢？尼娥啊，下來吧！尼娥啊，下來吧！」

尼娥在月亮裡也急得蹦蹦跳。她把自己的頭髮拉得長長的，編起

一條長長的辮子。月亮走到山頂天空的時候，尼娥低下頭把辮子垂下山頂。雅拉抓住辮子，一挪一撐地像猿猴一樣，爬進了月亮。兩人緊緊地拉著手，好歡喜啊！

此後，尼娥坐在月亮裡桂花樹下織錦，雅拉在草地上看護白羊白兔。他們的生活好甜蜜啊！看，那月亮裡面的黑影子，就是雅拉和尼娥啦！

紀錄整理者：蕭甘牛

英雄神話

謝古婆與格懷[74]

一

人有了火，可以烤火取暖，又可以燒熟肉吃。但是，火不能隨身帶走，人又要出外幹活。怎麼辦呢？開頭，人們拿芋葉連起來披在身上，一天破爛十多件，又麻煩，又不暖。一天，人們在山坡上碰見一個叫做黎古公的老公公，穿著一身漂亮的衣服，便問：「老公公呀，在哪兒能找到這樣漂亮的衣服？我們也想穿哩！」

黎古公說：「這是我和謝古婆打老表，她送給我穿。你們想穿衣服，就去問她要吧。」

人們去問謝古婆：「老婆婆呀，我們穿芋葉，又冷、又癢、又爛得快，你給我們衣服穿吧！」

謝古婆說：「孩子們呀，我哪來這麼多衣服呢？你們要穿衣服，先得種棉。棉花五六月開花，八九月收花，紡成紗，織成布，拿布來縫衣服，你們就有穿的了。」謝古婆抓了一把棉花籽給他們。

第二年，春來了，天暖了。人們把棉花籽播到地裡，不久就長苗出葉；過了幾個月，果然結出棉桃。人們把棉花收回來，紡成像河那麼長的紗，織成牛皮那麼厚的布，拿布縫成一件件的衣服。從這以後，人人都有衣服穿了。

---

74 本故事流傳於廣西南丹縣。本文選自陶立璠、李耀宗編《中國少數民族神話傳說選》，四川民族出版社，1985年。選定者：楊知勇。

後來，大家覺得白衣服太容易髒，也不漂亮。謝古婆又告訴人們摘藍靛來染布。染布沒有缸子，有人從山上找來很大很大的野雞蛋殼，作染缸。大家用這種「染缸」染出了藍布和黑布。有些人喜歡穿白上衣、黑褲子，也有些人喜歡穿黑上衣、白褲子……慢慢地，衣服花樣就多起來了。

二

高山平坡儘是密叢叢的森林，密林中到處都有凶惡的野獸，人要找吃的，可難哩。而且老是吃野菜也容易拉肚子，怎麼辦呢？人們想了又想，還是想不到辦法。他們又去問謝古婆：「老婆婆呀！我們淨吃野菜，吃了都鬧肚子痛。有什麼好東西，吃了肚子又飽又不痛呢？」

謝古婆說：「有是有的，稻米又香又軟，吃了肚子又飽又不痛，就怕你們要不到！」

謝古婆便一五一十地告訴他們，早在洪水氾濫之前，卜羅陀就把水牛仔、黃牛仔、狗仔、豬仔、雞仔、鴨仔和苞穀、稻穀的種子，都收藏在紅水河對岸最高的白崖上第九個岩洞裡，藏得好好的，永遠不會爛、不會死。要是有辦法要得回來，什麼都有了。

大夥兒聽了很高興，馬上跑到了紅水河邊，只見兩岸高山頂住天，河水又寬又急，嘩啦嘩啦奔流不息。大家都不會游水，河裡又沒有船，誰過得去呢！他們看見鳥飛過去又飛回來，便對鳥說：「鳥呀，請幫個忙，飛到對岸最高白崖上第九個岩洞裡，把稻種給我們帶過來吧！」鳥說聲「好」，一拍翅膀就飛過了紅水河，飛上了白崖，

鑽進了第九個岩洞。洞裡稻穀成堆，黃橙橙的，這是最好的種子啊！但是，鳥沒有口袋，也沒有籃子，只好把穀子一粒一粒地吞到肚子裡去，裝滿了一肚子，鑽出岩洞，飛過河來，張開嘴巴，一粒一粒地吐出。人們把穀種拿去種，可哪裡還能生長！穀種在鳥肚子裡已經熟透了。

人們看見野鴨子在河裡游來游去，便對鴨子說：「野鴨呀，請你幫個忙，游到對岸最高的白崖上第九個岩洞裡，把穀種給我們帶來吧！」

野鴨說：「游水過河，我最有本領；但是我不會爬山啊。」

人們說：「老鼠會爬山，不會游水，你背它過河行嗎？」

野鴨點點頭，人們便去找老鼠商量。老鼠說：「我不乾！野鴨要是潛下水，我不是白送死嗎？」

人們說：「不會的。將來我們種了稻穀，吃不完，你還可以在地上撿些穀子吃。」

老鼠同意了，野鴨便背它過河。過了河，老鼠爬上最高的白崖，找到了第九個岩洞，挖了個小窟窿，往裡探頭一望，啊！一隻老貓坐在穀堆上。老貓一見老鼠就撲過來，幸虧窟窿小，老鼠沒有被抓住。老鼠回來說：「洞裡有貓公，差點兒把我吃掉，更別說取到穀種了！」

人們叫老鼠不要怕，給它一塊肉，叫它趁黑夜帶去給老貓吃，再把穀種偷回來。老鼠銜著一塊肉，像上回一樣，爬上岩洞口，把肉塞進窟窿裡去。老貓聞到肉香，急忙跑過來；老鼠趁貓在一旁吃肉的時候，便偷偷地爬進洞裡，銜了一顆大大的穀種跑到河邊。野鴨警告老

鼠：「老鼠呀！你要咬緊穀種，可別說話。你一開口，穀種就要掉到水裡去了！」

野鴨背著老鼠游得慢，老鼠不耐煩，催促野鴨快走。它剛一開口說「快」，穀種就掉到河裡去了。有一條魚看見了，跑來搶穀種，幸虧野鴨眼靈嘴快，張嘴一咬，恰好咬住那條魚的尾巴，死死不放。魚痛得受不了，哀求說：「好老兄！放了我吧，我還你穀種！」

魚把穀種還給老鼠，野鴨才把魚放了。過了河，老鼠把穀種交給了人們。人們拿去種，年年豐收，年年吃不完；老鼠就在夜裡偷偷摸摸地來撿一些穀子吃。

後來，人們又想了種種辦法，把另外八個岩洞裡各種各樣的種子要了回來，一年一年地種啊、養啊，日子便一天一天地好起來了。

三

以前老大從天上下來耙地，用一把九齒鐵耙，有九千九百八十斤。你想想，這有多重呀！自從老大被老鷹抓上天去之後，那把鐵耙一直扔在田裡，像一把銀梳子一樣，閃閃發亮。卜羅陀看見這發亮的鐵耙，就扛去煉成了九個太陽、九個月亮，來照亮人間，溫暖世界。但是，太陽太多了，月亮太多了，把地都曬乾了，莊稼曬得起了火，鳥曬成了乾肉，石頭也曬化了。天太熱，天太亮，人的眼睛不開，頭上帽子燒起火，只好白天躲在岩洞裡，夜晚出來乾活。人沒得吃，又餓死了一半。

當時有個人叫做格懷，又強壯，又勇敢，射箭準，走路快。人們商量，叫格懷去殺太陽和月亮。老人對他說：「格懷呀！人都叫太陽

曬死了。你比我們強，比我們狠，你去打死太陽、月亮吧！白天留一個太陽曬莊稼，夜晚留一個月亮照峒場就夠了。你把事情辦好了，這個峒場的田地統統歸你種、歸你收。」

格懷說：「為了大家為了我，我去消滅這毒火，讓咱們平平安安地生活！」

格懷的妻子正懷孕。格懷對妻子說：「妻呀！為了鄉親為了咱，我去殺了太陽再回家，你要安心種莊稼，生了小孩要好好地把他養大。」

格懷佩起弓箭，邁著大步出門，直向東方走。全峒場的鄉親都來送他，把希望寄託在他的身上。

格懷在路上走了三年，爬過了三萬座高山，走過了三萬個平原，穿過了三萬處森林，跨過了三萬條大河，到達了三萬座大山中最高、最陡的山峰。太陽從東方出來，最先照到這座高峰；月亮從東方出來，也最先照到這座高峰。那東邊啊，海水茫茫，海裡翻起的浪像山峰一樣，直向腳下的萬丈懸崖沖撞，發出震天的響聲。格懷在歡呼，在讚賞。在這壯麗的大自然中，看到海浪毫無畏懼地向萬丈懸崖沖擊，格懷從這裡汲取了無比的力量。

剎那間，他突然看見九個太陽同時騰上海面。他扳弓搭箭「嗖」的一聲，一個太陽落下海，八個太陽縮頭逃跑了。到晚上，九個月亮又同時湧上海面，格懷照樣扳弓搭箭，「嗖」的一聲，一個月亮滾下海，八個月亮縮頭逃跑了。太陽害怕格懷，月亮也害怕格懷，它們躲起來，不敢拋頭露面，每次剛一抬頭，便有一個被格懷打落海中。格懷耐著性子打了一年半，又打了三個太陽和三個月亮；再打兩年，又

有三個太陽和三個月亮滾下了海。

天上還有兩個太陽和兩個月亮，很久很久不敢出來，天地又烏黑了。格懷等得心裡很焦急。有一隻老公雞對格懷說：「我把太陽叫出來，你拿什麼報答我？」

格懷說：「一碗酒換一個太陽，一把米換一個月亮。你叫它們出來吧！」

格懷倒一碗酒給公雞喝，撒一把米給公雞吃。公雞喝醉了，吃飽了，又紅著臉要格懷給它戴雞冠，它才把太陽叫出來。格懷就用紅紙剪成七峰冠，給老公雞戴在頭上。老公雞這才開腔：「喔喔喔喔——」公雞叫第一聲，東方露出灰濛濛；「喔喔喔喔——」公雞叫第二聲，東方白裡紅彤彤；「喔喔喔喔——」公雞叫第三聲，兩個太陽並排爬上來。格懷加倍用力地扳弓搭箭，「嗖！」一個太陽掉下海，一個太陽嚇破了膽，不敢動彈，乖乖地掛在天上。到晚上，兩個月亮並排爬上來，格懷又特別用力地扳弓搭箭，「嗖！」一個月亮掉下海，一個月亮嚇破了膽，在天上打顫顫。

從此，白天一個太陽曬莊稼，夜晚一個月亮照峒場。格懷見事情已經辦好，便背起弓箭走回家。

節選者：陶立璠　李耀宗

過山瑤的來歷[75]

龍犬

古時候，有個皇帝，叫做高辛王。高辛王沒有王子，只有三個公主，個個長得如花似玉，都是高辛王的掌上明珠。皇宮裡養有一隻眼亮毛滑、身披二十四道斑紋的龍犬，像個雄糾糾的衛士，日夜巡邏，守衛著高辛王和宮殿。高辛王像疼愛女兒一樣愛護它，不論是升殿還是出遊，都帶它在身邊。滿朝文武百官也非常喜愛它。

高辛王是個軟弱無能的昏君，國境常受到海外番王的賊兵騷擾，領土被蠶食，弄得民眾惶恐不安。有一年，番王興師犯境，像驚濤駭浪一樣洶湧撲來，國家危在旦夕。高辛王心驚膽顫，叫大臣張貼告示出去，許了這樣的願：誰若滅了番王，重重有賞——金銀財寶任其享用，三個公主任其選娶。

一天，龍犬口銜告示，昂頭擺尾，奔上殿來。高辛王見了又驚又喜，問道：「張貼告示是要招募能人除番王，你為什麼阻攔？」龍犬搖了三下尾巴。高辛王又問：「你不阻攔，為什麼撕告示？朝中文官武將尚不敢應招，難道你有本事消滅番王，為國效勞？」龍犬點了三下頭。高辛王便選擇吉日舉行國宴，召集王后、公主和大臣們為龍犬出征餞行。

---

75 本故事流傳於廣西金秀瑤族自治縣。本文選自陶立璠、李耀宗編《中國少數民族神話傳說選》，四川民族出版社，1985年版。選定者：楊知勇。附：盤瓠神話，畬族、苗族也有流傳，情節大同小異。

龍犬離了金鑾寶殿，騰雲般飛跑，到了海邊。撲通一聲，跑將下去，像條蛟龍迎風擊流，游了七天七夜到達彼岸，登上番王國土，直奔番王宮殿。番王見是高辛王豢養的愛犬，心裡有幾分懷疑，便問道：「龍犬，你同高辛王形影不離，今天為什麼不在主人身邊？」龍犬搖了三下尾巴。番王又問：「樹倒猢猻散，你早早離開高辛王，是不是你看出他的國家快要完蛋了？」龍犬點了三下頭。番王見龍犬點頭，心中大喜，便把龍犬收養在宮殿裡，還舉行國宴，為它洗塵。

　　宴席上，龍犬和番王並排坐在一起。番王剛要舉杯祝酒，龍犬突然站起，想咬番王的頭頸一口；不料，番王轉過身來，龍犬只得趕快與番王碰杯。叮噹一聲杯響，番王大笑道：「龍犬真不愧是國王的愛犬，很懂禮貌。讓我們大家起立，為龍犬捨生忘死來投奔番王國乾杯！」大臣們紛紛來和龍犬碰杯對飲。

　　當天夜裡，龍犬躺在床上左思右想，究竟怎樣除掉番王呢？由於多喝了幾杯，酒勁發作，漸漸有了幾分醉意，朦朦朧朧地即將進入夢鄉。哎，不能睡，龍犬又睜開眼睛，它想到番王必定酩酊大醉，正是下手的好時機，所以趕緊跑到番王寢室。果然不錯，番王鼾聲如雷，睡得正酣。龍犬想撲上去咬他的胸脯。不料，一個披甲佩劍的衛士過來警告：「龍犬，不得打擾國王休息，有事明天再奏吧！」龍犬回頭一看，才見番王的床頭床尾有四個衛士守護著，只好伸出舌頭舔了三下番王的手背，裝著親暱的樣子，然後退出。

　　第二天清早，番王起身，洗漱後入廁，龍犬緊緊跟隨，番王說：「這裡臭梆梆，你到外面稍等一會吧！」龍犬搖頭擺尾，像個撒嬌的小孩不願離開爸爸那樣，依偎在番王身邊。番王慈愛地撫摸它那光滑柔軟的斑毛。龍犬趁著四下無人，猛然咬下番王的睪丸，番王未能叫

出聲來，就昏倒在地。龍犬又三口兩口將番王的脖頸咬斷，銜著血淋淋的頭顱，飛速過海回國。

番王死後，賊軍潰退。高辛王國收復失地，民眾從此安居樂業。

駙馬

龍犬奪得番王頭顱，為國立了大功，高辛王自然非常高興，擺設筵席慶賀，並犒賞龍犬大批金銀珠寶。但是龍犬對這些金銀珠寶看都不看一眼，連連搖尾巴。王后輕輕提醒高辛王：「你出告示許過願：三個公主，任其選娶。看來龍犬是想當駙馬啊！」高辛王後悔地說：「高貴的公主怎能嫁給狗呢！」大公主湊過來說：「是呀，人狗相配太荒謬了，我可不願意。」二公主也附和：「我更不願意。若是父王將女兒嫁給狗，不但害了女兒終身，父王世代也受人恥笑。」唯有三公主反對兩個姐姐的看法，她勸高辛王說：「父王您已經許過願，如今反悔，必將失信於天下人，以後再遇國難，誰還肯出力！長此下去，父王的江山不穩，民眾遭殃，我們全家的性命也難保，後患無窮啊！」高辛王反覆思忖，覺得不該失信，同意招龍犬為駙馬。他當場叫三個公主依次到龍犬面前，任其挑選。

大公主昂首闊步，兩眼朝天，走到龍犬面前，鼻子哼了一聲。龍犬眨眨眼睛，搖搖尾巴，毫不理睬。

二公主慢條斯理，兩眼朝地，走到龍犬面前，揩鼻子吐口痰。龍犬仍然眨眨眼睛，搖搖尾巴，毫不理睬。

三公主的神色與兩個姐姐截然不同。她輕拂雙袖，仙女一般飄到龍犬面前。她那雙水汪汪的大眼，不敢接觸龍犬的目光；她那緋紅的

臉頰現出圓圓的笑靨。龍犬剛才聽過她講的話，現在又看見她這般美麗的容貌，更加愛慕，於是連連點頭，又蹦又跳，圍著她轉了幾圈。高辛王終於成全了這樁喜事，為他們舉辦了婚禮。

　　三公主和龍犬結婚以後，兩個姐姐暗暗取笑，幸災樂禍；高辛王和王后免不了又憐憫，又惋惜；但是，三公主卻心滿意足，夫妻感情很好，日子過得很幸福。高辛王和王后覺得奇怪，總有些不安。後來，三公主告訴父母，龍犬白天是條狗，晚上卻是個美男子，他身上的斑毛，是件光彩燦爛的龍袍。父母聽後，壓在心上的石頭才算落了地。只有大公主和二公主捶胸又跺腳，撲在龍床上暗自流淚。王后對三公主說：「叫你丈夫白天也變成人吧！」公主說：「如果他白天變人，身穿龍袍就要當王，豈不是和父王爭王位了嗎？」高辛王說：「不要緊，如果他變成人，就封他到南京十寶殿做王，這才叫兩全其美！」

　　三公主將父王的意見告訴龍犬，龍犬很贊成，對三公主說：「你將我放在蒸籠裡蒸七天七夜，我便可脫掉身上的毛而變成人。」三公主照辦了。蒸到六天六夜時，三公主擔心蒸死丈夫，便揭開蓋子看看，龍犬果然變成了人；只因蒸的時間不足，頭上、腋窩和腳脛上的毛未曾脫掉。但蓋子揭開了，再蒸也無效了，只好把有毛的頭部和腳脛，用布纏裹著。相傳至今，瑤族男女仍然纏著頭巾、裹著腳套。

　　龍犬變成人以後，高辛王兌現諾言，封他為南京十寶殿盤護王，俗稱狗王。瑤民不吃狗肉，正是由於孝敬祖先的緣故。

黃泥鼓

　　盤護王和公主在南京十寶殿共生了六男六女，日子過得比蜜糖還甜。盤護王雖然頭戴王冠，身居宮殿，卻不讓兒女們成為四體不勤、五穀不分的少爺小姐，而是要他們學打獵、學耕織，練得謀生本領。高辛王和王后聞訊，心情寬慰，差人送去大批金銀、糧食，供女兒、女婿和外孫們享用；還頒給榜牒一卷，文中賜盤護王兒女為瑤家十二姓；又下令各地官吏：凡盤護王子孫所居的山地，任其開墾種植，一切糧賦差役全免。這就是瑤家世代傳抄珍藏的傳家寶──《過山榜》。

　　一天，盤護王領著兒子們上山打獵，遇見一群山羊。六個兒子武藝高強，力大無窮，立刻拉滿弓，搭上箭，「嗖嗖嗖」地連射出去；箭無虛發，幾隻山羊應聲倒下，其餘的拚命逃生。盤護王和兒子們起勁地追趕。一隻粗野的大雄山羊中箭負傷，瘋狂地亂蹦亂竄。當時，盤護王正攀越險要的鷹嘴崖，山羊衝闖到此，用犄角將他撬翻下崖，摔在半崖的一棵大樹上喪了命。山羊也跌崖死了。

　　日落西山，兒子們提著獵物轉回程，卻不見父親回來，便四處尋找。找到鷹嘴崖時，聽到樹上鳥兒啼叫，抬頭觀看，才發覺那樹上掛著父親的屍體。兒子們悲痛地砍下大樹，將父親屍體抬回家中。

　　三公主見丈夫狩獵喪生，哭成了個淚人。兒子們安慰母親說：「今日打獵，只顧前面追趕，沒注意後面防衛。父親喪命，孩兒有罪。還望母親多多保重。」公主說：「娘不怪孩兒，真有罪的是老奸巨猾的山羊，要把它的皮製成鼓，用黃泥漿糊上，狠狠地敲它，重重地捶它，才解我們的心頭恨，讓你父親在黃泉之下、在九天之上都聽

得到，這才是我們的敬意。」兒子們遵命，立刻動手，將德芎樹做了一個八抓[76]長的大鼓[77]，又用柏納樹做了六個十三抓長的長鼓[78]，都繃上山羊皮，再糊上黃泥漿。於是，公主背起大鼓，兒子們拿起長鼓，邊敲邊舞，六個女兒拿著揩淚的手帕，悲傷地邊哭邊唱，共同追悼他們的父王──盤護王。

從此，黃泥鼓一代一代地傳下來。逢年過節、喜慶豐收或者祭祀祈禱、驅魔趕邪，瑤民都要打黃泥鼓，唱盤王歌，深切懷念自己的祖先。

千家峒

盤護王死後，十二姓瑤家繼續墾荒立寨，勤耕苦織，先後開闢後稽山、玉明沖、九牛山等許多村寨，子孫繁衍，林茂糧豐。尤其美好的要算千家峒了。那四周山巒重疊，森林茂密，山花四季不敗，百鳥爭鳴不息，無數的清泉匯成河流。山巒懷抱之中，瑤民開墾著肥沃的土地，傳說是「千家峒裡大垌田，三百牯牛犁一邊，尚有一邊犁不到，山豬馬鹿裡頭眠」。由於瑤民辛勤耕作，加上風調雨順，作物長得多好啊！一個苞米尺五長，苞米稈可以當扁擔；一顆穀子比巴掌大，穀殼可以作水瓢。山上牛羊成群，村裡雞鴨成幫，家家豬滿欄、糧滿倉。峒內人丁興旺，不久就發展到千戶以上，取名「千家峒」。

峒內有一蔸高大的德芎樹，農曆三月才開花，就像布穀鳥一樣，

---

76 抓：一抓約三寸。

77 大鼓：即母鼓。

78 長鼓：即公鼓。

催促瑤民不違農時，抓緊春耕。按照十二姓瑤家的習俗，每年春節至春耕前，是千家峒極其歡樂的季節。家家戶戶置備豐盛的筵席，開懷暢飲；男女老少穿起鮮豔的民族服裝，走村串寨，互相祝賀。姑娘和小夥子還打起黃泥鼓，吹奏木葉，翩翩起舞。

千家峒的瑤家對峒外的漢人十分熱情，無論誰入峒，都當作貴客款待；但是，他們從來不向財主和官府交租納糧。

有一年，天下大旱，山溪無水，深潭無魚，林木枯萎，芭蕉、青苔焦得冒煙，到處顆粒無收，官倉無米，百姓啃野菜充飢。唯有千家峒照樣林茂糧豐。官府要霸占這塊寶地，便派了個七品縣官，進峒催租要糧。峒內頭人盤翁拿出《過山榜》，對縣官說：「這上面寫得清清楚楚，高辛王陛下敕令：盤護王子孫，耕山不上稅，種田莫納糧。」駁得縣官啞口無言。

瑤家雖然抗租抗糧，但對待縣官仍當貴客。頭人盤翁傳令下來，每戶待客一餐，不得有誤。於是，瑤家紛紛從地窖裡拿出密封數十年的鳥鮮[79]、糯米酒，用清甜的泉水煮出香噴噴的粳米飯，還有山雞、果子狸等新鮮山味，讓客人吃飽喝足。那縣官從峒頭到峒尾，一日三餐，喝得酩酊大醉，吃得肥頭大耳，肚子脹得像螞蚱，眼睛瞇得像豬樣。

生活美好，日子好過。像是一袋煙的光景，就過了四個月，瑤民還不下地生產。他們說，那菀德苧樹還沒開花，早著呢，照樣吃喝玩樂。

---

79 鳥鮮：用炒米粉和鹽醃製而成的鳥肉，是瑤家的美味。

正當瑤家狂喝暢飲的時候，朝廷官兵殺進峒來了。他們喊叫說：「縣太爺進峒四個月，不見回府，肯定被瑤人謀害，所以興兵討伐。」瑤民說：「德芎樹還未開花，哪有四個月呀？」誰知那莞德芎樹，早被官府收買的峒內一個奸細，用石灰和鹽水弄死了。瑤家這才清楚，這是奸賊的毒計！於是拿起獵槍、砍刀、弓箭，吹響牛角，與官兵搏鬥，殺得官兵七死八傷，屍血遍地。

峒頭的瑤民，一邊抵抗官兵，一邊派人到峒尾報告盤翁頭人。當時，頭人家裡還在大擺酒席，宴請縣官呢！那個縣官正夾起一塊鳥鮮肉，塞進嘴巴，聞訊立刻甩下筷子，支支吾吾地說：「胡——鬧，胡鬧！我去教訓教訓他們。」說完，拍屁股就想溜。盤翁識破了他的花招，當機立斷，一刀斷了他的老命。

官府早已橫下一條心，非霸占千家峒不可。雖然吃了苦頭，仍舊不惜一切代價，源源不斷地增兵添將，要把千家峒踏平。瑤民拚命抗擊，終因寡不敵眾，最後只剩下十多戶人家。頭人盤翁召集大家商量，為保民族，繁衍子孫，寧願含辛茹苦，流落他鄉。

牛角與香爐

瑤民離開千家峒，走了七天七夜，來到海邊，乘上一條木船，迎著風浪，向前駛去。

海上風大浪大，十多戶瑤家同舟共濟，齊心協力，又經七天七夜，好不容易漂到一個小島上。盤翁叫大家上島歇息一陣，以便恢復體力，迎接更大的風浪。

這個小島真怪，全是岩石土丘，沒有一處平地，也沒有一棵草

木。幸好瑤民臨行前想得周全，油鹽柴米等等全部帶齊，不然煮飯都困難啊。

這天天氣晴朗，風也漸漸停了，瑤民們生火煮飯，準備飽餐之後上船航行。誰知，水還未燒滾，小島就漸漸下沉，搖動得你趴我仰、鍋碗傾翻。盤翁立刻下令：莫慌莫亂，趕快收拾炊具飯菜上船。瑤民上船之後，小島就不見了。大家正在吃驚，一個眼利的阿端[80]往水裡一指：「看，小島鑽到海底去了。」大家這才明白，原來那是條大鯨魚！剛才是被火燒痛了才溜走的。瑤家的木船又航行七天七夜，仍舊回到原來的地方，像陀螺一樣，老是在原地打轉轉，不能前進。糟糕，遇著漩渦了。木船力小，不但划不出去，還有被捲入海底的危險。怎麼辦呢？盤翁說：「如今上不著天、下不著地，前不能進、後不能退，攏不是岸、近不得灘，只有禱告我們的祖先，請他顯靈來搭救了。」於是，他們便打起黃泥鼓，唱起盤王歌，向祖先祈禱。這招果真靈驗，不久便風平浪靜，漩渦散開，木船又平安地在海上航行。經過七七四十九個晝夜，瑤家終於過海上岸。盤翁把供奉盤王的金香爐打爛作十二塊，每姓人拿一塊，又把發號施令的牛角鋸成十二節，每姓人拿一節。十二姓瑤家共喝雞血酒發誓：「銅打香爐三斤半，黃金四兩五錢三。瑤家各姓拿一塊，過海流落去逃難。牛角鋸成十二節，每姓一節各自飛。香爐牛角合得攏，來日子孫又殺回[81]。」自從過海分手之後，十二姓瑤家便各奔前程，分別進入廣西、湖南、貴州、廣東。他們千里跋涉，一無所有，全憑勤勞的雙手，開荒劈嶺，棲身山頭；耕種數年之後，土地貧瘠，又得遷徙。瑤歌相傳：千里開

---

80 阿端：瑤語，小夥子。
81 殺回：這裡指殺回千家峒。

田來就水，萬里拋心來就山。吃了一山又一山，背起竹簍把家搬。這，就是過山瑤的來歷。

　　過山瑤在歷代封建王朝和國民黨的統治下，衣不蔽體、食不果腹，頑強地掙扎著活了下來，保全了自己的民族。他們一代一代傳抄著《過山榜》，一村一寨搜尋那十二塊金香爐和十二節牛角，還爆發了打回千家峒的村民起義，流血犧牲，百折不撓。他們堅信，總有一天能過上千家峒那樣的幸福生活。

口述者：盤日新　盤振松　黃金貴　黃元林　趙成慶

蒐集整理者：王礦新　蘇勝興　劉保元

金蘆笙[82]

　　從前，山裡住有母女倆。女兒愛穿紅衣服，叫做小紅妹。

　　有一天，母女倆在田裡耕種。忽然一陣大風吹來，天空現出一條惡龍，伸下爪子把小紅妹抓住，朝西方飛去。娘隱隱約約聽著女兒的聲音由風飄送過來：

救小紅，靠弟弟。
娘啊，娘啊，莫忘記！

---

82 本文選自谷德明編《中國少數民族神話選》。選定者：楊知勇。

娘抹著眼淚望著天空說：「我只有一個女兒，哪裡來的弟弟啊！」她一腳高一腳低走回家。走到半路，路旁一株楊樹的枝椏勾住她的白頭髮。她解脫頭髮，看見枝椏上結有一顆鮮紅的楊梅，順手摘下，吞進肚裡。

老娘回家以後，生下一個圓頭紅臉的孩子。她叫孩子楊梅仔。

楊梅仔長得很快，幾天工夫就成了十四五歲的小夥子。

娘想叫楊梅仔去救姐姐，可是又捨不得小孩子去冒險，她只有暗自流淚。

有一天，一個老鴉飛來屋簷上叫著：

姐姐苦哇！姐姐苦哇！
惡龍洞裡淚巴沙。
龍尾打背手鑿岩，
姐姐苦哇！姐姐苦哇！

楊梅仔聽了，就問娘：「娘，我有姐姐嗎？」

娘流著眼淚說：「孩子你有個姐姐啊！她愛穿紅衣服，叫做小紅妹。她給惡龍抓去了。惡龍害死了不少人啊！」

楊梅仔撈起一根大木棍說：「我要去殺惡龍，救姐姐，救眾人！」

娘靠在門邊，含著眼淚望著兒子的篤的篤地走了。

楊梅仔走著走著，走過一條山邊路，看見一塊尖滑的大石頭攔在路中間。人們走路要爬過大石頭，石頭很滑，一不小心就絆跤子，人們跌得頭破血流。

楊梅仔說：「這是攔路虎呀！不挖去會跌翻很多人。」他用大木棍往石頭底一撬，「咔嚓」一聲，大木棍斷了。他用雙手插進大石頭底，使勁一掀，大石頭滾下山谷去了。

這時候，石坑下現出一支黃光光的金蘆笙。楊梅仔拾起一吹，「依依嗚嗚」，非常響亮。

忽然，路旁的蚯蚓、青蛙、四腳蛇等等都跳起舞來。蘆笙吹得越快，它們跳得越快，蘆笙的聲音一停，它們也停了。楊梅仔說：「唔，我有擺布惡龍的辦法了。」

楊梅仔拿著金蘆笙向前走著，走到一座大石山邊，看見一條凶猛的惡龍盤在一個岩洞口，身旁堆滿了人骨頭。又看見一個紅衣姑娘流著眼淚，手拿鐵鑿在替惡龍鑿岩洞。惡龍用尾巴拍打著姑娘的背，惡狠狠地說：

惡惡惡，小娘婆，
和你結婚你不肯，
只有天天把岩鑿。
岩洞鑿不穿，
叫你命難活！

楊梅仔大喊：

惡龍惡，惡龍惡！
你把我姐來折磨。
金笙不停吹，
叫你命難活！

楊梅仔吹起金笙，惡龍不由自主地跳起舞來，姐姐丟下鑿子跑出岩洞來看。

楊梅仔不停地吹，惡龍伸長腰不停地舞著、扭著、盤旋著。金笙越吹得急，惡龍越扭得快。

姐姐走過來和弟弟說話，楊梅仔擺擺手，意思是說他不能停止吹笙，笙音一停，惡龍就會過來吃人的。

楊梅仔不停地急吹，惡龍伸長腰不停地急扭著。惡龍扭得眼睛出火，鼻孔出氣，口裡發出呵呵的聲音。惡龍哀求地說：

呵呵呵！小哥哥，
我放你姐姐回家去，
你莫把我折磨。

楊梅仔哪裡肯停，他邊吹邊朝一個大潭走去。惡龍也舞著扭著跟來潭邊。「嘭咚」一聲，惡龍掉下深潭裡。它在潭裡還是急急地扭

著、舞著、盤旋著。潭水激起幾十丈高。這時候惡龍疲乏得要命，眼睛裡冒出烏火，鼻孔裡噴出粗氣，嘴巴張著，發出呵呵的聲音。它嘶啞地說：

呵呵呵！小哥哥，
饒我一條命，
伏在深潭不敢再作惡。

楊梅仔說：

惡龍惡，你聽著：
伏在深潭裡，
不能再作惡！

惡龍一直扭著身子點著頭。金蘆笙一停，就它沉下潭底。

楊梅仔牽著姐姐的手，笑瞇瞇地走了。

他們走了不遠，忽聽大潭裡嘩啦直響。他們回頭一看，惡龍冒出水面，抬起頭，張牙舞爪向他們飛來。

楊梅仔急忙跑到潭邊吹起笙來。惡龍又掉進潭裡不停地舞著，扭著，盤旋著。

楊梅仔在潭邊急急地吹笙，吹了七天七夜。惡龍在潭裡急急地扭了七天七夜。到了第八天，惡龍直挺挺地浮在水面，死了。

姐弟二人呼呼哈哈地拉起惡龍的屍體回家。娘一見兒女雙雙回家來，笑得合不攏嘴巴。

他們剝下龍皮來蓋房子，取下龍骨來作梁柱，砍下龍角來作犁頭。

龍角犁田不用牛拖，犁得很快。

他們犁了許多田地，種了許多糧食，生活過得很好。

蒐集者：田　稼　梁承佑　吳鐘鎮　劉為志　馬敬寶

昌明文庫・悅讀中國 A0607039

中國各民族神話：土家族、毛南族、侗族、瑤族

主　　編　姚寶瑄

版權策畫　李煥芹

發 行 人　林慶彰

總 經 理　梁錦興

總 編 輯　張晏瑞

編 輯 所　萬卷樓圖書股份有限公司

　　　　　臺北市羅斯福路二段 41 號 6 樓之 3

　　　　　電話 (02)23216565

　　　　　傳真 (02)23218698

出　　版　昌明文化有限公司

　　　　　桃園市龜山區中原街 32 號

　　　　　電話 (02)23216565

發　　行　萬卷樓圖書股份有限公司

　　　　　臺北市羅斯福路二段 41 號 6 樓之 3

　　　　　電話 (02)23216565

　　　　　傳真 (02)23218698

　　　　　電郵 SERVICE@WANJUAN.COM.TW

大陸經銷　廈門外圖臺灣書店有限公司

　　　　　電郵 JKB188@188.COM

ISBN 978-986-496-549-6

2020 年 2 月初版

定價：新臺幣 360 元

如何購買本書：

1. 轉帳購書，請透過以下帳戶

　　合作金庫銀行　古亭分行

　　戶名：萬卷樓圖書股份有限公司

　　帳號：0877717092596

2. 網路購書，請透過萬卷樓網站

　　網址 WWW.WANJUAN.COM.TW

大量購書，請直接聯繫我們，將有專人為您

服務。客服：(02)23216565　分機 610

如有缺頁、破損或裝訂錯誤，請寄回更換

國家圖書館出版品預行編目資料

中國各民族神話：土家族、毛南族、侗族、
瑤族 / 姚寶瑄主編. -- 初版. -- 桃園市：昌
明文化出版；臺北市：萬卷樓發行, 2020.02
　面；　公分. -- (昌明文庫；A0607039)
ISBN 978-986-496-549-6(平裝)

1.中國神話 2.少數民族

282　　　　　　　　　　　　　109002419

本著作物經廈門墨客知識產權代理有限公司代理，由山西人民出版社有限公司授權萬卷樓圖

書股份有限公司（臺灣）出版、發行中文繁體字版版權。